高等职业教育经管类专业平台课精品教材

会计基础习题集

主　编　周　兵
副主编　周　艳　朱梦焱　王婧妍
唐晓帆　路鑫鑫

中国轻工业出版社

图书在版编目（CIP）数据

会计基础习题集/周兵主编．—北京：中国轻工业出版社，2022.9
高等职业教育“十三五”规划教材
ISBN 978－7－5184－0969－3

Ⅰ．①会… Ⅱ．①周… Ⅲ．①会计学—高等职业教育—习题集 Ⅳ．①F230－44

中国版本图书馆 CIP 数据核字（2016）第 172724 号

责任编辑：张文佳　　责任终审：劳国强　　封面设计：锋尚设计
版式设计：王超男　　责任校对：燕　杰　　责任监印：张　可

出版发行：中国轻工业出版社（北京东长安街 6 号，邮编：100740）
印　　刷：三河市万龙印装有限公司
经　　销：各地新华书店
版　　次：2022 年 9 月第 1 版第 4 次印刷
开　　本：720×1000　　1/16　　印张：14.75
字　　数：300 千字
书　　号：ISBN 978－7－5184－0969－3　　定价：28.00 元
邮购电话：010－65241695
发行电话：010－85119835　传真：85113293
网　　址：http：//www.chlip.com.cn
Email：club@chlip.com.cn
如发现图书残缺请与我社邮购联系调换
221375J2C104ZBW

前　言

PREFACE

如何提高会计基础课程的教学效果，提高学生参加会计从业资格考试的通过率，是我们多年来一直在思考的问题，为了配合高职院校会计及相关专业会计教学和实践的需要，我们根据课证融通《会计基础》教材的内容，编写了这本《会计基础习题集》。

本书按教材章节编写，除第一、二、三、四、十章外，每一章习题内容都包括考点必会、过关必练、案例分析与讨论、拓展训练四个部分。

“考点必会”以节、考点为线索，将课证融通教材中必须掌握的考点以题目的形式展示出来。该部分的单项选择题、多项选择题和判断题均以不提示题型的方式呈现，多层次、多角度巩固练习。

“过关必练”中的“关”是指本章节，即学完本章知识后，需要完成该关卡的所有题目，以检查本章知识的掌握情况。该部分的题型全面，训练量大，完全能够满足课堂教学和学生考证的需要，题型包括单项选择题、多项选择题、判断题、分环节实训题、会计分录题、综合实训题等，题目是根据财政部统一考试题库改编而来的，是各章必练的内容，是对会计从业资格考试的精准预测。通过实训题的训练，使学生掌握会计业务的处理，旨在增强学生动手的能力、提高学生基本技能和综合运用知识的能力。

“案例分析与讨论”是为了将理论与实际相联系，力图让学生了解会计工作中可能碰到的实际问题及解决办法。

“拓展训练”旨在强化和巩固会计的专业理论知识。

本书由江苏食品药品职业技术学院财贸学院会计专业（群）带头人、部分骨干教师和企业合作编写。具体分工是：周兵（副教授），编写第一章、第五章、第六章和第十章；周艳（讲师），编写第二章和第九章；路鑫鑫（讲师、会计师），编写第三章；王婧妍（讲师、会计师），编写第四章；唐晓帆，编写第七章；朱梦焱，编写第八章。全书由周兵任主编，负责总体组织策划；周艳、朱梦焱、王婧妍、唐晓帆、路鑫鑫任副主编，协助主编工作。江苏中央新亚百货股份有限公司财务总监李锦祥参与了本书的研讨。全书最后由周兵副教授负责修改、总纂并定稿。

本书在编写过程中，江苏正大集团、淮安三淮会计师事务所、淮安市逸达鞋业有限公司、淮安市天参农牧股份有限公司等企业为本书编写提供了相关素材，其财务负责人还多次参与编写研讨。编者还参考了相关文献资料，在此一并致谢。

由于编者水平有限，书中难免存在不足之处，恳请读者批评指正，以期再版时渐趋完善。

编者

2016 年 5 月

目　录

CONTENTS

第一章　总　论

第一部分　考点必会

第一节　会计的概念与目标

考点一　会计的概念与特征

1. 会计是以(　　)为主要计量单位，运用一系列的专门方法，(　　)和(　　)一个单位经济活动的一种经济(　　)工作。

A. 现金　核算　审核　监督　　B. 货币　核算　管理　监督

C. 现金　核算　监督　审核　　D. 货币　核算　监督　管理

2. 会计产生于人们管理社会和经济事务的过程。它是一种(　　)。

A. 会计活动　　B. 管理活动

C. 经济活动　　D. 资金活动

3. 随着人类社会的发展，会计也由简单的记录和计算逐渐发展成为一种经济管理工作。会计的发展可划分为(　　)。

A. 古代会计　　B. 近代会计

C. 现代会计　　D. 当代会计

考点二　会计的对象与目标

4. 凡是特定主体能够以货币表现的经济活动，都是会计核算和监督的内容，也就是(　　)。

A. 会计账户　　B. 会计对象

C. 会计核算　　D. 会计监督

5. 下列各选项中，属于企业会计核算具体内容的有(　　)。

A. 款项和有价证券的收付　　B. 财产物资的增减和使用

C. 债权债务的发生和结算　　D. 资本的增减

6. 下列关于会计核算具体内容的表述中，不正确的是(　　)。

A. 会计上的资本专指所有者权益中的投入资本，包括实收资本（股本）和盈余公积

B. 收入、支出、费用、成本是计算和判断单位经营成果及盈亏状况的主要依据

C. 企业购买原材料、支付工资、对外捐赠都属于企业的费用

D. 成本是企业为了生产产品、提供劳务而发生的各种耗费，是对象化的费用

7. 会计目标也称会计目的，是要求会计工作完成的任务或达到的标准，主要包括(　　)两个方面的内容。

A. 向信息使用者提供对决策有用的会计信息

B. 向政府管理者提供税务征收情况

C. 向资源的提供者报告资源受托管理的情况

D. 向财政监管部门提供企业运营的情况

第二节 会计的职能与方法

考点三　会计的职能

8. 随着社会经济关系的日益复杂和管理理论的不断深化，会计的职能也在不断丰富和发展，但其基本职能依然是(　　)。

A. 会计控制与会计决策　　B. 会计预测与会计控制

C. 会计计划与会计决策　　D. 会计核算与会计监督

9. 下列选项中，属于会计核算环节的有(　　)。

A. 记账　　B. 计量

C. 报告　　D. 报账

10. 会计人员在进行会计核算的同时，对特定对象经济活动的合法性、合理性进行审查称为(　　)。

A. 会计决策　　B. 会计核算

C. 会计监督　　D. 会计分析

11. 下列各项中，(　　)既属于事后监督，又属于政府监督。

A. 注册会计师对年度报表进行审计

B. 公司主管部门对年度计划进行审核

C. 税务局对企业纳税情况进行审查

D. 注册会计师对企业会计报表进行审查

12. 下列对会计核算和监督的关系的表述中，正确的有(　　)。

A. 会计核算和监督是会计最基本的职能

B. 会计监督是会计核算的基础

C. 会计核算与会计监督两大基本职能关系密切，相辅相成，辩证统一

D. 会计监督是会计核算的质量保证

考点四　会计核算方法

13. 会计拥有一系列专门方法，这些方法包括(　　)。

A. 财产清查和编制财务会计报告　　B. 填制和审核凭证

C. 设置账户和复式记账　　D. 登记账簿和成本计算

14. 在生产经营过程中，按照一定的对象归集和分配发生的各种费用，从而确定该对象的总成本和单位成本的一种方法是(　　)。

A. 会计科目　　B. 会计账簿

C. 成本计算　　D. 设置账簿

第三节 会计基本假设与会计基础

考点五　会计基本假设

15. 下列各选项中，确定了会计核算特定空间范围的会计基本假设是(　　)。

A. 会计主体　　B. 会计分期

C. 持续经营　　D. 货币计量

16. 下列关于会计主体的表述中，不正确的是(　　)。

A. 可以是一个企业，也可以是企业内部的某一个单位

B. 可以是企业本身，也可以是其他企业或投资者个人

C. 可以是独立法人，也可以是非法人

D. 可以是一个单一的企业，也可以是由几个企业组成的企业集团

17. 下列选项中，可以作为一个会计主体的是(　　)。

A. 母公司　　B. 子公司

C. 分公司　　D. 销售部门

18. 在可以预见的未来，会计主体不会破产清算，所持有的资产将正常营运，所负有的债务将正常偿还，这是(　　)。

A. 会计主体　　B. 持续经营

C. 会计分期　　D. 货币计量

19. 企业资产主要以历史成本而不以现行成本或清算价格计价，依据的会计核算基本前提是(　　)。

A. 会计主体　　B. 持续经营

C. 会计分期　　D. 货币计量

20. 持续经营是假设企业能持续不断地经营下去。这仅仅是一种假设，缺乏客观存在的基础。(　　)

21. 会计核算的空间范围是由会计主体确定的，其时间范围则是由(　　)确定的。

A. 会计主体　　B. 持续经营

C. 会计分期　　D. 货币计量

22. 企业进行会计核算采用权责发生制，依据的会计核算基本前提是(　　)。

A. 会计分期　　B. 会计主体

C. 持续经营　　D. 货币计量

23. 会计期间分为年度和中期，其中，中期是指半年度。(　　)

24. (　　)是指会计主体在财务会计确认、计量和报告时采用货币作为统一的计量单位，反映会计主体的生产经营活动。

A. 会计科目　　B. 会计分期

C. 会计主体　　D. 货币计量

25. 业务收支以人民币以外的货币为主的单位，可以选定其中一种货币作为记账本位币，并按照记账本位币编制财务会计报告。(　　)

考点六　会计基础

26. 采用权责发生制基础时，下列业务中能确认为当期收入的有(　　)。

A. 上月已销未收款项，本月收到并存入银行

B. 本月已销未收款项

C. 本月已销，款项以商业汇票支付，尚未到期

D. 本月预销已收款项

27. 2013 年 10 月，某股份有限公司发生以下经济业务事项：收到 8 月份销售商品的货款 100 000 元；10 月份销售商品货款总计 240 000 元，实际收到 180 000元，余款暂未收到；10 月份预收 11 月份销售商品的货款 90 000 元；预付 10 月、11 月、12 月三个月的房租 6 000 元；该公司采用权责发生制原则，则 10 月份的收入和费用分别为(　　)元。

A. 240 000　　B. 180 000

C. 2 000　　D. 6 000

28. 某股份有限公司本月收到上月商品赊销款 80 000 元；本月销售商品货款总计 160 000 元，实际收到 120 000 元，余款暂未收到；本月预收下期销售商品的货款 60 000 元；上月预付三个月水电费 1 500 元。该公司采用收付实现制原则，其本月的收入和费用分别为(　　)元。

A. 300 000　　B. 260 000

C. 500　　D. 0

29. 我国所有单位包括行政、事业、企业单位的会计确认、计量和报告均应以收付实现制为基础。(　　)

第四节 会计信息的使用者及其质量要求

30. 下列关于会计信息质量要求的表述中，正确的有(　　)。

A. 谨慎性是对会计信息质量的基本要求

B. 满足有关各方了解企业财务状况和经营成果的需要，属于可理解性要求

C. 可比性要求会计政策不得随意变更

D. 企业将融资租入固定资产视同自有资产进行管理，体现了实质重于形式要求

第五节 会计准则体系

31. 会计准则是政府调控经济活动、规范经济秩序和开展国际经济交往等的重要手段。我国已颁布的会计准则有(　　)。

A. 《企业会计准则》　B. 《小企业会计准则》

C. 《事业单位会计准则》　D. 《国有企业会计准则》

32. 下列各项中，依据《企业会计准则——基本准则》制定的有(　　)。

A. 具体准则　B. 应用指南

C. 解释公告　D. 会计制度

33. 与企业会计准则相比，事业单位会计准则的主要特点有(　　)。

A. 事业单位会计要素包括资产、负债、净资产、收入、支出或者费用

B. 事业单位会计核算一般采用收付实现制

C. 部分另有规定的经济业务或者事项能采用权责发生制核算

D. 事业单位应当采用借贷记账法记账

第二部分　过关必练

(一) 单项选择题

1. 企业收到某公司支付的款项 10 万元，其中 6 万元为已经实现的销售，4 万元为预收账款，会计人员确认预收账款为 4 万元而不是 10 万元，这个确定具体金额的过程属于(　　)。

A. 会计确认　B. 会计计量

C. 会计记录　D. 会计报告

2. 下列项目中，不属于会计核算专门方法的是(　　)。

A. 复式记账　B. 成本计算

C. 财产清查　D. 编制财务预算

3. 下列各项中，属于会计通过对特定主体的经济活动进行确认、计量和报告，如实反映主体财务状况、经营成果和现金流量等信息这一职能的是(　　)。

A. 会计控制职能　B. 会计核算职能

C. 会计预测职能　D. 会计监督职能

4. 会计的基本职能包括(　　)。

A. 会计控制与会计决策　B. 会计预测与会计控制

C. 会计核算与会计监督　D. 会计计划与会计决策

5. 下列各项中，确定了单位内部监督、社会监督、政府监督三位一体的会计监督体系的是 (　　)。

A. 企业会计准则　　　　B. 会计制度
C. 会计法　　　　D. 全国人大

6. 企业用现金购买办公用品，会计人员认为办公用品适用于总经理日常办公，故将该项支出作为管理费用处理。关于上述过程，表述正确的是(　　)。

A. 该项处理属于会计确认　　　　B. 该项处理属于会计计量
C. 该项处理属于会计记录　　　　D. 该项处理属于会计报告

7. 会计对象内容丰富，可以概括为(　　)。

A. 经营过程　　　　B. 社会再生产过程中的资金运动
C. 会计主体　　　　D. 社会再生产资金中的数量方面

8. 下列内容属于企业财物的是(　　)。

A. 银行存款　　　　B. 库存现金
C. 原材料　　　　D. 专利技术

9. 会计主体从(　　)上对会计核算范围进行了有效的界定。

A. 空间　　　　B. 时间
C. 空间和时间　　　　D. 内容

10. 会计核算上所使用的一系列会计原则和方法如历史成本原则等，都是建立在(　　)基础上的。

A. 会计主体前提　　　　B. 持续经营前提
C. 会计分期前提　　　　D. 货币计量前提

11. 以下(　　)不是我国常见的会计期间。

A. 1 月 1 日起至 12 月 31 日　　　　B. 1 月 1 日起至 6 月 30 日
C. 6 月 1 日起至 10 月 31 日　　　　D. 2 月 1 日起至 2 月 28 日

12. 会计分期是建立在(　　)基础之上的。

A. 会计主体　　　　B. 持续经营
C. 会计分期　　　　D. 货币计量

13. 形成权责发生制和收付实现制不同的记账基础，进而出现应收、应付、预收、预付、折旧、摊销等会计处理方法所依据的会计基本假设是(　　)。

A. 会计主体　　　　B. 持续经营
C. 会计分期　　　　D. 货币计量

14. 下列关于权责发生制的表述中，不正确的是(　　)。

A. 权责发生制是以收入和费用是否归属本期为标准来确认本期收入和费用的一种方法

B. 权责发生制要求，凡是不属于当期的收入和费用，即使款项已在当期收付，也不作为当期的收入和费用

C. 权责发生制要求，凡是当期已经实现的收入和已经发生或应当负担的费用，无论款项是否收付，都应当作为当期的收入和费用

D. 权责发生制要求，凡是本期收到的收入和付出的费用，不论是否属于本期，都应作为本期的收入和费用

15. 某单位 9 月份发生如下经济业务：①赊销 A 产品一批，货款 70 000 元，10 月份才能收回；②销售 B 产品一批，货款 50 000 元已收讫；③收回赊销给远航公司的产品 30 000 元。按权责发生制原则与收付实现制原则确认的收入差额是(　　)元。

A. 20 000　　B. 70 000

C. 40 000　　D. 90 000

16. 某企业 6 月份销售甲产品一批，取得商业承兑汇票一张，价款 10 000 元，销售乙产品一批，取得转账支票一张，价款 5 000 元，收到 5 月份欠货款 5 000元，按收付实现制确定该企业 6 月份销售收入是(　　)元。

A. 20 000　　B. 15 000

C. 10 000　　D. 5 000

17. 甲公司 2014 年 3 月 1 日销售商品一批，增值税专用发票注明价款 100 000元，货款于 2014 年 4 月 30 日收到并存入银行；2014 年 3 月 10 预收销货款 200 000 元存入银行，该批货物于 2014 年 5 月 20 日发出；2014 年 3 月 20 日收到上月销货款 50 000 元，则根据权责发生制原则该企业 2014 年 3 月份应确认的收入为(　　)元。

A. 350 000　　B. 200 000

C. 150 000　　D. 100 000

18. A 公司 3 月份发生下列支出：预付本年度全年保险费 2 400 元；支付上年第四季度借款利息 3 000 元（已预提）；支付本月办公费 800 元，根据权责发生制原则，计入本月的费用为(　　)元。

A. 1 000　　B. 6 200

C. 3 200　　D. 3 800

19. 某企业 2014 年 3 月发生以下经济业务：①本月支付上年水电费 3 600 元；②本月购入办公用品 2 000 元，款项尚未支付；③支付本季度短期借款利息共 6 000 元，其中 1 月份 2 000 元，2 月份 2 000 元。按照收付实现制应确认的费用为(　　)元。

A. 10 600　　B. 9 600

C. 7 300　　D. 5 300

20. 下列不属于会计信息质量要求的是(　　)。

A. 实质重于形式　　B. 可靠性
C. 权责发生制　　D. 相关性

21. 固定资产采用加速折旧法，主要体现会计信息质量的要求是(　　)。
A. 可比性　　B. 明晰性
C. 谨慎性　　D. 及时性

22. 下列会计处理中，不符合谨慎性要求的是(　　)。
A. 计提存货跌价准备　　B. 计提“秘密准备”
C. 计提商品保修费用　　D. 不高估资产或收益

23. 在会计核算的一般原则中，要求会计指标口径一致，以便于不同企业之间进行横向比较的会计原则是(　　)。
A. 一致性原则　　B. 可比性原则
C. 配比原则　　D. 权责发生制原则

24. 会计的基本职能是(　　)。
A. 核算和监督　　B. 预测和决策
C. 控制和考核　　D. 核算和分析

25. 资金的循环与周转阶段不包括(　　)。
A. 供应过程　　B. 生产过程
C. 销售过程　　D. 分配过程

26. 企业会计分期的基础是(　　)。
A. 会计主体　　B. 权责发生制
C. 持续经营　　D. 货币计量

27. 非营利组织的会计核算，通常(　　)。
A. 采用权责发生制　　B. 采用收付实现制
C. 部分业务采用收付实现制　　D. 本单位自主选择

28. 会计核算的最终环节是(　　)。
A. 确认　　B. 计量
C. 记录　　D. 报告

29. (　　)在会计方法体系中处于核心地位，它是其他各种方法的基础。
A. 会计核算方法　　B. 会计决策方法
C. 会计分析方法　　D. 会计控制方法

30. 会计的基本职能是(　　)。
A. 记录和计算　　B. 考核收支
C. 核算和监督　　D. 分析和考核

31. 会计主要利用的计量单位是(　　)。

A. 实物计量单位　　B. 货币计量单位

C. 劳动计量单位　　D. 工时计量单位

32. 会计主体对会计工作范围从(　　)上进行了界定。

A. 时间　　B. 内容

C. 空间　　D. 空间和时间

33. 会计分期是从(　　)引申出来的。

A. 会计主体　　B. 权责发生制

C. 会计目标　　D. 持续经营

34. 对于可能发生的损失（如资产减值）及损失（如可能有部分应收款项收不回来），需要提前做出预计（如计提坏账准备），所体现的会计原则是(　　)。

A. 权责发生制原则　　B. 客观性原则

C. 谨慎性原则　　D. 历史成本计价原则

（二）多项选择题

1. 下列说法中，正确的有(　　)。

A. 会计核算过程中采用货币统一的计量单位

B. 我国企业进行会计核算只能以人民币作为记账本位币

C. 业务收支以外币为主的单位可以选择某种外币作为记账本位币

D. 在境外设立的中国企业向国内报送的财务报告，应当折算为人民币

2. 会计监督贯穿于会计管理活动的全过程，不仅体现在过去的经济业务上，还体现在经济业务尚未发生之前和发生过程，包括(　　)。

A. 事前监督　　B. 事中监督

C. 事后监督　　D. 事后报告

3. 下列各项目中，属于会计职能的有(　　)。

A. 会计预测　　B. 会计决策

C. 会计核算　　D. 会计监督

4. 下列不属于会计核算对象的是(　　)。

A. 销售不用原材料

B. 制定采购计划

C. 预付采购材料款

D. 和甲公司签订了价值 100 万元的销售合同

5. 下列说法正确的是(　　)。

A. 企业的经济业务事项包括经济业务和经济事项

B. 款项是作为支付手段的货币资金，包括库存现金、银行存款和其他货币资金。其他货币资金包括银行汇票存款、银行本票存款、信用卡存款、信用证保证金存款、外埠存款和存出投资款

C. 我国证券法规定的有价证券仅指资本证券，包括股票和债券

D. 款项和有价证券是流动性最强的资产

6. 财务成果的计算和处理一般包括(　　)。

A. 收入的确认　　B. 费用的计算和分配

C. 所得税的计算和缴纳　　D. 利润的分配或亏损弥补

7. 下列企业内部部门中，可以作为一个会计主体单独进行核算的有(　　)。

A. 分公司　　B. 营业部

C. 生产车间　　D. 事业部

8. 下列关于会计基本假设的表述中，正确的有(　　)。

A. 会计主体确立了会计核算的空间范围

B. 持续经营与会计分期确立了会计核算的时间长度

C. 货币计量为会计核算提供了必要手段

D. 没有会计主体，就不会有持续经营；没有持续经营，就不会有会计分期；没有货币计量，就不会有现代会计

9. 下列事项中，属于企业会计核算基础的有(　　)。

A. 收付实现制　　B. 收入费用制

C. 权责发生制　　D. 实现利润制

10. 会计信息质量的可比性要求强调的一致，是指(　　)。

A. 会计处理方法一致　　B. 收入和费用应一致

C. 会计指标口径一致　　D. 企业前后各期一致

11. 下列关于可靠性要求的论述中，正确的有(　　)。

A. 以实际发生的交易或事项为依据进行确认、计量

B. 如实反映符合确认和计量要求的各项会计要素信息

C. 保证企业提供的会计信息资料真实可靠，内容完整

D. 会计信息质量可靠性要求是对会计工作的基本要求

12. 下列事项中，符合谨慎性要求在会计核算中的具体应用的有(　　)。

A. 存货在物价持续上涨时期采用个别计价法

B. 存货在物价持续上涨时期采用先进先出法

C. 存货在物价持续下跌时期采用先进先出法

D. 采用账龄分析法对应收账款计提坏账准备

13. 下列各项中，体现重要性要求的有(　　)。

A. 本期将购买办公用品的支出直接计入当期费用

B. 票面利率与实际利率相差不大时采用票面利率摊销

C. 每一中期末都要对外提供中期报告

D. 在资产负债表中单独列示一年内到期的长期负债

14. 下列各项中，(　　)属于会计监督审查主要内容。

A. 经济活动的真实性　　B. 经济活动的合法性

C. 经济活动的实用性　　D. 经济活动的合理性

15. 下列会计期间中，属于会计期间中期的有(　　)。

A. 年度　　B. 半年度

C. 季度　　D. 月度

16. 下列关于货币计量的表述中，正确的有(　　)。

A. 货币计量是指会计主体在会计核算过程中采用货币作为统一的计量单位

B. 企业的会计核算只能以人民币作为记账本位币

C. 在特定情况下，企业也可以选择人民币以外的某一货币作为记账本位币

D. 在境外设立的中国企业向国内报送的财务会计报告，应当折算为人民币

17. 下列关于会计基础的表述中，正确的有(　　)。

A. 实务中，企业交易或事项的发生时间与相关货币收支时间有时并不完全一致

B. 我国企业会计的确认、计量和报告应当以收付实现制为基础

C. 收付实现制是与权责发生制相对应的一种会计基础

D. 收付实现制比权责发生制更能真实、公允地反映特定会计期间的财务状况和经营成果

18. 下列各项中，属于企业会计信息使用者的有(　　)。

A. 政府相关管理部门　　B. 投资者

C. 企业内部经营管理者　　D. 债权人

19. 会计核算的基本前提包括(　　)。

A. 持续经营　　B. 会计分期

C. 会计主体　　D. 货币计量

20. 下列各项中，可以作为一个会计主体的有(　　)。

A. 企业集团　　B. 企业内部某一经营单位

C. 子公司　　D. 合伙制企业

21. 会计年度是相对于会计中期而言的，会计中期包括(　　)。

A. 半年度　　B. 季度

C. 月度　　D. 旬度

22. 会计的基本职能是( )。

A. 会计核算
B. 会计计量
C. 会计决策
D. 会计监督

23. 会计监督职能的特点是( )。

A. 事后监督
B. 通过价值指标监督
C. 事前监督
D. 事中监督

24. 根据权责发生制原则，应计入本期收入和费用的有( )。

A. 本期实现的收入，并已收款
B. 本期实现的收入，尚未收款
C. 属于本期的费用，尚未支付
D. 属于以后各期的费用，但已支付

25. 可比性原则是指( )应当相互可比。

A. 不同企业之间会计处理方法
B. 同行业会计指标计算口径
C. 同行业各企业的会计报表
D. 同一企业不同时期的会计处理方法

26. 会计方法包括( )。

A. 会计核算方法
B. 会计分析方法
C. 会计监督方法
D. 会计预测方法

27. 下列属于会计核算方法的有( )。

A. 成本计算
B. 财产清查
C. 填制与审核原始凭证
D. 登记账簿
E. 编制会计报表
F. 分析会计报表
G. 编制记账凭证

(三) 判断题

1. 在实际工作中，会计核算的七种专门方法并不是完全按照固定的顺序来进行的，往往可以交叉使用。( )

2. 财务会计是向外部关系人提供有关财务状况、经营成果和现金流量情况的信息。管理会计是向内部管理者提供进行经营规划、经营管理、预测决策所需的相关信息。( )

3. 会计核算是会计监督的基础，没有会计核算所提供的信息，会计监督就失去了依据；而会计核算又是会计监督的质量保证，只有核算而没有监督，就难以保证核算所提供信息的真实性和完整性。( )

4. 随着经济的发展和会计活动及内容的不断扩大，会计的职能也在不断改变。( )

5. 会计核算的完整性是指对所有的活动都要进行计量、记录和报告。( )

6. 财务成果的计算和处理一般包括利润总额的计算、净利润的计算、利润分配或者亏损弥补等，不包括所得税的计算。(　　)

7. 资金是指一个单位所拥有的各项净资产的货币表现。(　　)

8. 凡是特定主体能够以货币表现的经济活动，都是会计核算和监督的内容，也就是会计的对象。(　　)

9. 在会计核算过程中，其主要的工作程序是填制和审核凭证、登记账簿和编制会计报表。(　　)

10. 资金的退出指的是资金离开本企业退出资金的循环与周转，主要包括提取盈余公积、偿还各项债务、上缴各项税金以及向所有者分配利润等。(　　)

11. 会计主体与法律主体既有联系，又有区别。会计主体必然是法律主体，但法律主体不一定是会计主体。(　　)

12. 持续经营假设是假设企业可以长生不老，即使进入破产清算，也不应该改变会计核算方法。(　　)

13. 由于有了持续经营这个会计核算的基本前提，才产生了当期与其他期间的区别，从而出现了权责发生制与收付实现制的区别。(　　)

14. 会计期间分为年度和中期，而中期是指半年度。(　　)

15. 单位对固定资产按历史成本计价，并采用折旧的方法对其在各个会计期间进行分摊，这是以会计分期为前提的。(　　)

16. 我国企业会计采用的计量单位只有一种，即货币计量。(　　)

17. 境外设立的中国企业向国内报送财务会计报告应当采用的货币是人民币。(　　)

18. 企业支付下年度生产车间机器设备的修理费时，会使制造费用增加，应计入“制造费用”账户的借方，同时，贷记“银行存款”账户。(　　)

19. 企业在本期发生的所有会计事项均应按照权责发生制原则来确认本期的收入和费用。(　　)

20. 同一企业同时期的会计核算方法前后各期应当保持一致，不得变更，是可比性原则的含义之一。(　　)

21. 只要是客观、可比、相关的会计信息，就会对使用者有帮助，所以会计信息不必受报送的时效限制。(　　)

22. 在实际工作中，交易事项的外在形式和人为形式完全能反映其实质内容，也是实质重于形式的含义所在。(　　)

23. 谨慎性原则要求对某项经济业务有几种处理方法可供选择时，在合理选择的前提下，尽可能选择不虚增利润或夸大权益的处理方法。(　　)

24. 企业会计报表各项目的数据在同一企业不同时期应当口径一致，在不同

的企业之间则不一定要相互可比。( )

25. 对于重要的交易或事项，应当单独、详细反映，对于不重要、不会导致投资者等有关各方决策失误或误解的交易或事项，可以合并、粗略反映，以节省提供会计信息的成本。( )

26. 会计核算的可比性原则要求同一会计主体在不同时期发生的相同或者相似的交易或者事项，应当采用一致的会计政策，不得随意变更，以便于不同会计期间的会计信息纵向可比。( )

27. 及时性是会计信息相关性和可靠性的制约因素。( )

28. 企业为应对市场经济环境下生产经营活动面临的风险和不确定性，应高估负债和费用，低估资产和收益。( )

29. 会计循环是按照一定的步骤运行的会计程序。( )

30. 会计主体不同于法律主体。法律主体是会计主体，但会计主体不一定是法律主体。( )

31. 会计目标是指会计工作所要达到的目的。( )

32. 企业在生产经营过程中所发生的一切经济活动，都是会计的对象。( )

33. 登记账簿是会计核算工作程序的中心环节。( )

34. 会计的基本职能是核算和监督，而核算职能则是会计的最基本职能。( )

35. 由于会计的特点是综合反映，因而只能利用货币计量。( )

36. 我国会计年度自公历 1 月 1 日起至 12 月 31 日止。( )

37. 会计中期就是指半年度，即 6 月末。( )

38. 企业可以根据需要，在不同时期采用不同会计核算方法。( )

39. 不同的企业可以采用不同的会计核算方法。( )

40. 会计主体与法人主体是同一概念。( )

41. 本月收到上个月的销货款，应计作本月的销售收入。( )

42. 本月预收某单位购货款若干元，在没有实际交付商品前不能计作销售收入。( )

43. 年初支付的全年房屋租金若干元，不能全部计作 1 月份的费用，而应在全年分摊。( )

44. 谨慎性原则是指在会计核算中应尽量低估企业的资产和可能发生的损失、费用。( )

45. 采用历史成本原则，物价变动时，也不得任意调整财产物资账面的历史成本。( )

46. 会计的方法就是指会计核算的方法。(　　)

(四) 计算分析题

根据下列资料，分别按权责发生制和收付实现制原则，计算 7 月份的收入和费用，并完成下表。

①销售产品 5 000 元，款已存入银行。

②销售产品 10 000 元，已收到货款 7 000 元，余款暂欠。

③预付下半年度的营业用房租金 6 600 元。

④计提当月利息 1 000 元。

⑤收到上月销货款 4 000 元。

⑥收到 A 公司预付购货款 9 000 元。

⑦分摊本月财产保险费 1 200 元，该保险费上季度末已经预付。

7 月份的收入和费用

业务序号	权责发生制		收付实现制	
	收入	费用	收入	费用
①				
②				
③				
④				
⑤				
⑥				
⑦				
合计				

第三部分 拓展训练

1. 利用学习资源查阅什么是代理记账？并说出代理记账的机构和业务范围。

2. 通过查阅学习资源，说明会计造假成风的原因。

3. 利用学习资源查阅 20 世纪中国十大会计名家。

4. 会计的发展经历了很长的历史时期。最早的会计只是生产职能的附带部分。当社会生产发展到一定阶段后，会计才逐渐从生产职能中分离出来，成为一种具有独立职能的管理活动。1895 年，苏格兰爱丁堡会计师公会的成立，标志着会计开始作为一种专门职业而存在。近百年来会计的迅猛发展反复证明了这样一条历史规律："天下未乱计先乱，天下欲治计及治。"正所谓"经济越发展，会计越重要。"但不可否认，当人类社会步入 21 世纪后，社会上人们对会计及其重要性的认识和理解，仍是智者见智、仁者见仁。有人说："做会计真好，雨不打头、风不打脸，轻松又惬意，一个月的账半个月就做完了"；有人说："会计工作太简单了，不就是点点钱、数数票子、报销差旅费、发放工资薪酬、支付水电费，哪需要学几年，更不需要考证评职称"；有人说："由于市场竞争压力大，纷纷精简机构以求降低成本，作为财会部门要不了几个会计，只要 1 ~ 2 个就足够了"；还有人说："会计大多见领导眼色行事，领导叫干啥就干啥"；也有人说："会计是国际通用的一种商业语言，是一门科学，会计工作很重要。现代会计人员不仅要记账、算账和报账，而且还要学会管账和用账。俗话说得好——会计是内当家的、是领导的左膀右臂，工作既要扎实、又要创新，一点都不能马虎。"……

请你结合自己的学习体会，谈谈你对会计及其重要性的认识和理解。

5. 北辰公司 2010 年 12 月份发生下列经济活动：

（1）销售商品收回货款。

（2）与南方公司签订一份购销合同计划。

（3）向希望工程捐款。

（4）经董事会商议，决定 2011 年 1 月购买国债。

（5）营销员出差归来报销差旅费。

（6）生产车间到仓库领用材料。

（7）购买一项设备，经安装调试，已投入使用。

（8）公司 2011 年费用预算顺利通过董事会决议。

（9）从当地人才市场引进一批研究生和大学生。

（10）董事会向生产和销售部门下达任务书。

请分析：上述经济活动哪些属于会计的对象？为什么？

第二章　会计要素和会计等式

第一部分　考点必会

第一节　会计要素

考点一　会计要素的含义与分类

1. 会计的对象就是资金运动，但具体化的会计对象指的是(　　)。

A. 会计要素　　B. 会计科目

C. 资产负债　　D. 会计账户

2. 2006 年 2 月 15 日财政部发布的《企业会计准则——基本准则》明确列示了(　　)大会计要素。

A. 五　　B. 六

C. 八　　D. 十二

考点二　资产要素

3. 下列项目中，符合资产定义的是(　　)。

A. 购入的某项专利权　　B. 经营租入的设备

C. 待处理的财产损失　　D. 计划购买的某项设备

4. 下列各项中，属于流动资产的是(　　)。

A. 交易性金融资产　　B. 原材料

C. 工程物资　　D. 开发支出

考点三　负债要素

5. 下列关于负债要素，说法正确的是(　　)。

A. 负债是指由企业过去的交易或事项形成的、预期会导致经济利益流出企业的现时义务

B. 未来发生的交易或事项形成的义务也应当确认为负债

C. 清偿负债的方式包括用现金清偿或以劳务资产清偿、以提供劳务偿还、部分转移资产部分提供劳务偿还、将负债转为所有者权益

D. 流动负债是指预计在一年（含一年）或超过一年的正常营业周期内偿还的负债

6. 应付账款、应付票据、应付债券、应付股利都属于流动负债。(　　)

考点四　所有者权益要素

7. 下列关于所有者权益表述中，不正确的是(　　)。

A. 所有者权益又称净资产，是指企业资产扣除负债后由所有者享有的剩余权益

B. 所有者权益的来源包括投资者投入的资本、债权人投入的资本、留存收益等

C. 企业不需要偿还所有者权益，除非发生减资清算

D. 权益分为债权人权益和所有者权益，而债权人权益优先于所有者权益

8. 下列各项中，属于企业所有者权益的有(　　)。

A. 实收资本　　B. 未分配利润

C. 长期投资　　D. 应付股利

考点五　收入要素

9. 企业在销售商品、提供劳务及让渡资产使用权等日常活动中所形成的经济利益的总流入是指(　　)。

A. 收入　　B. 成果

C. 利得　　D. 收益

10. 收入按其来源分，工业企业对外提供运输服务取得的收入属于(　　)。

A. 销售商品收入　　B. 提供劳务收入

C. 让渡资产使用权收入　　D. 出售无形资产收入

11. 收入要素包括主营业务收入、其他业务收入、营业外收入。(　　)

考点六　费用要素

12. 下列关于费用要素说法正确的是(　　)。

A. 费用是企业在日常活动中发生的，会导致所有者权益减少的，与向所有者分配利润无关的经济利益的总流出

B. 费用的发生表现为资产的增加或负债的减少

C. 费用按其性质可以分为营业成本和期间费用

D. 企业的对外捐赠应计入费用

13. 下列各项中，属于企业期间费用的有(　　)。

A. 固定资产维修费　　B. 诉讼费

C. 车间管理人员工资　　D. 企业的利息支出

考点七　利润要素

14. 收入、费用和利润是集中反映企业在一定时日的经营成果。(　　)

15. 下列各项中，不属于营业外收入的是(　　)。

A. 出租固定资产收入　　B. 政府补助利得

C. 盘盈利得　　D. 非流动资产处置利得

考点八　会计要素的计量

16. “除法律、行政法规和国家统一的会计制度另有规定者外，企业不得自行调整其账面价值。”上述规定所遵守的会计计量属性是(　　)。

A. 公允价值　　B. 重置成本

C. 可变现净值　　D. 历史成本

17. 在实务中，(　　)多应用于盘盈固定资产计量等。

A. 现值　　B. 公允价值

C. 重置成本　　D. 历史成本

18. 在(　　)计量属性下，资产按照其正常对外销售所能收到的现金或者现金等价物的金额扣减该资产至完工时估计将要发生的成本、估计的销售费用以及相关税费后的金额计量。

A. 重置成本　　B. 现值

C. 可变现净值　　D. 公允价值

19. (　　)是指对未来现金流量以恰当的折现率进行折现后的价值。

A. 重置成本　　B. 可变现净值

C. 现值　　D. 公允价值

20. 资产和负债按照在公平交易中，熟悉情况的交易双方自愿进行资产交换或者债务清偿的金额计量的会计计量属性是(　　)。

A. 现值　　B. 历史成本

C. 公允价值　　D. 重置成本

第二节　会计等式

考点九　资产+负债=所有者权益

21. 权益是指企业外部利益主体对企业资产的要求权，包括(　　)。

A. 债权人权益　　B. 政府权益

C. 社会公众权益　　D. 所有者权益

22. 下列关于会计基本等式的表述中，说法正确的是(　　)。

A. 资产来源于权益，而权益又分为负债和所有者权益

B. 会计基本等式反映了资金运动在某一特定时点上的资产和权益的分布，是资金运动的静态表现

C. 资产与权益的恒等关系是复式记账法的理论基础，也是设置账户、试算平衡和编制资产负债表的理论依据

D. 当企业发生经营业务，取得的收入变成企业资产，恒等关系必然被破坏

23. 下列选项中，肯定会引起所有者权益总额增加的情况是(　　)。

A. 资产与负债同增　　B. 资产与负债同减

C. 资产增加、负债减少　　D. 资产减少、负债增加

24. “资产=负债+所有者权益”体现了企业资金运动过程中某一特定时期的资产分布和权益构成。(　　)

考点十　收入-费用=利润

25. 发生费用会导致会计要素变动的情况有(　　)。

A. 资产增加，费用增加　　B. 费用增加，负债减少

C. 费用增加，负债增加　　D. 费用增加，资产减少

26. “收入-费用=利润”反映的是资金运动的动态方面，反映的是某一会计期间的经营成果，是编制利润表的依据。(　　)

考点十一　经济业务对会计恒等式的影响

27. 甲公司收到投资方投入的资金 100 000 元，存入银行。该笔经济业务会引起(　　)。

A. 资产和债权人权益同时等额增加　B. 资产和所有者权益同时等额增加

C. 资产不同项目之间彼此增减　D. 所有者权益不同项目之间彼此增减

28. 甲公司开出并承兑面值为 40 000 元的商业汇票一份，抵付前欠货款。该笔经济业务会引起(　　)。

A. 资产和债权人权益同时等额增加　B. 负债不同项目之间此增彼减

C. 权益不同项目之间此增彼减　D. 所有者权益不同项目之间此增彼减

29. 根据会计等式，下列哪类经济业务不会发生(　　)。

A. 资产增加，负债减少，所有者权益不变

B. 资产不变，负债增加，所有者权益增加

C. 资产有增有减，权益不变

D. 债权人权益增加，所有者权益减少，资产不变

30. 任何一项经济业务的发生都会引起资产或权益的增减变化，但始终保持“资产 = 权益”这一平衡关系，因此，一项资产的增加，必然引起另一项权益的等额增减。(　　)

考点十二　会计等式之间的勾稽关系

31. 以下等式揭示了企业的财务状况与经营成果之间的相互关系的是(　　)。

A. 资产 + 收入 = 费用 + 负债 + 所有者权益

B. 资产 = 负债 + 所有者权益

C. 收入 - 费用 = 利润

D. 资产 + 费用 = 负债 + 所有者权益 + 收入

32. 一定时期的经营成果必然影响一定时点的财务状况。(　　)。

第二部分　过关必练

(一) 单项选择题

1. (　　)是构成会计报表的基本组件，同时也是设置账户的依据。

A. 会计对象　　B. 会计科目
C. 资金运动　　D. 会计要素

2. 会计要素中的资产、负债和所有者权益是企业财务状况的(　　)。
A. 动态反映　　B. 直接反映
C. 静态反映　　D. 一般反映

3. 下列各项中，不属于企业资产的是(　　)。
A. 融资租赁租入的固定资产　　B. 经营租赁租出的固定资产
C. 经营租赁租入的固定资产　　D. 出租的包装物

4. 资产是过去的交易、事项形成的，并由企业拥有或控制的，预期会给企业带来(　　)的资源。
A. 经济利益　　B. 经济资源
C. 经济效果　　D. 经济效益

5. 下列各项中，属于非流动负债的是(　　)。
A. 应付股利　　B. 应付债券
C. 应付账款　　D. 应付票据

6. 下列项目中，使负债增加的是(　　)。
A. 发行公司债券　　B. 用银行存款购买公司债券
C. 发行股票　　D. 支付现金股利

7. 下列各项中，不属于所有者权益的是(　　)。
A. 本年利润　　B. 未分配利润
C. 留存收益　　D. 投资收益

8. 利得是与(　　)无关的，会引起所有者权益增加的经济利益流入。
A. 所有者利益分配　　B. 所有者投入资本
C. 经济利益流入　　D. 所有者经济活动

9. 下列各项中，不属于反映企业经营成果的会计要素是(　　)。
A. 收入　　B. 所有者权益
C. 费用　　D. 利润

10. 下列项目中属于主营业务收入的包括(　　)。
A. 销售原材料取得的收入　　B. 销售商品取得的收入
C. 包装物出租收入　　D. 接受捐赠收入

11. 下列费用不应计入产品成本，而应列作期间费用的是(　　)。
A. 直接材料费用　　B. 直接人工费用
C. 车间间接费用　　D. 行政管理部门费用

12. 下列费用中，不属于期间费用的是(　　)。

A. 企业生产部门发生的差旅费　　B. 企业发生的业务招待费
C. 企业专设销售机构发生的各项经费　D. 企业为筹集资金而发生的有关费用

13. 企业经营活动发生的应由营业收入负担的营业税、消费税等相关税费称为(　　)。

A. 增值税费　　B. 销售费用
C. 所得税费用　　D. 营业税金及附加

14. 下列各项中，不属于会计计量属性的是(　　)。

A. 历史成本　　B. 重置成本
C. 公允价值　　D. 成本计算

15. 按照当前市场条件，重新取得同样一项资产所需支付的现金或现金等价物金额称为(　　)。

A. 计划成本　　B. 历史成本
C. 现行成本　　D. 可变现净值

16. 取得交易性金融资产时，应当按照该金融资产取得时的(　　)作为其初始确认金额，计入“交易性金融资产——成本”科目。

A. 历史成本　　B. 现值
C. 可变现净值　　D. 公允价值

17. 下列会计处理中，体现历史成本计量属性的是(　　)。

A. 资产采用重置日的重置成本作为入账价值
B. 资产采用取得时支付的现金作为入账价值
C. 资产采用预计未来现金流量作为入账价值
D. 资产采用其期末可变现净值作为入账价值

18. 非流动资产可回收金额和以摊余成本计量的金融资产价值的确定所使用的计量属性是(　　)。

A. 公允价值　　B. 可变现净值
C. 现值　　D. 重置成本

19. 会计要素计量属性中，只能对资产进行计量的是(　　)。

A. 公允价值　　B. 可变现净值
C. 现值　　D. 重置成本

20. 某企业2010年9月份资产增加200万元，负债减少100万元，其他因素忽略不计，则该企业的权益将(　　)。

A. 增加100万元　　B. 减少100万元
C. 增加300万元　　D. 减少300万元

21. 一项资产增加、一项负债增加的经济业务发生后，都会使资产与权益原来的总额(　　)。

A. 发生同增的变动　　B. 发生同减的变动

C. 不会变动　　D. 发生不等额变动

22. 下列各项中，能同时影响资产和负债发生变化的是(　　)。

A. 投入设备　　B. 收到欠款存入银行

C. 用现金购买办公用品　　D. 赊购原材料

23. 将短期借款 20 万元转为对本公司的投资，则本公司的(　　)。

A. 负债减少，资产增加　　B. 负债减少，所有者权益增加

C. 资产减少，所有者权益增加　　D. 所有者权益内部一增一减

24. 某公司资产总额为 60 000 元，负债总额为 30 000 元，以银行存款 20 000 元偿还短期借款，并以银行存款 15 000 元购买设备，则上述业务入账后该公司的资产总额为(　　)元。

A. 30 000　　B. 40 000

C. 25 000　　D. 15 000

25. 某企业资产总额为 200 万元，发生下列三笔经济业务：（1）用银行存款归还应付账款 10 万元；（2）向银行借入两年期借款 20 万元已存入本企业银行存款账户；（3）收回应收账款 4 万元存入银行。则该企业权益总计数额为(　　)万元。

A. 214　　B. 210

C. 234　　D. 224

26. 甲企业从银行借款 10 万元归还原欠 B 公司的货款，借款和还款手续办妥后，这项经济业务使甲企业(　　)。

A. 资产和负债都增加　　B. 权益和资产都增加

C. 负债有增有减　　D. 负债减少，资产增加

27. 下列选项中，能够引起资产增加的是(　　)。

A. 提取盈余公积　　B. 资本公积转增实收资本

C. 企业经销商品，货款未收　　D. 支付职工的工资

28. 某企业 5 月末负债总额为 250 万元，6 月份收回应收货款 50 万元，用银行存款归还长期借款 25 万元，预付购货款 12 万元。则该企业 6 月末的负债总额为(　　)万元。

A. 275　　B. 262

C. 225　　D. 200

29. 下列经济业务中，不引起所有者权益变动的有(　　)。

A. 所有者投入资金偿还欠款　　B. 所有者向企业投入设备

C. 企业向所有者分配利润　　D. 企业提取盈余公积

30. 下列各项中，能同时引起资产和负债总额减少的是(　　)。

A. 归还前欠货款　　B. 收回应收账款

C. 接收固定资产投资　　D. 借入短期借款

31. 下列各项中，符合会计要素收入定义的是(　　)。

A. 出售材料收入　　B. 转让无形资产净收益

C. 销售商品收到的增值税　　D. 出售固定资产净收益

32. 下列各项中，不符合会计要素中资产定义的是(　　)。

A. 待处理财产损溢　　B. 委托代销商品

C. 尚未完工的半成品　　D. 委托加工物资

33. 下列各项中，能够引起负债和所有者权益同时变动的是(　　)。

A. 购进材料，货款未付

B. 以银行存款偿还短期借款

C. 股东大会宣告分派现金股利

D. 向银行借款直接偿还前欠甲单位货款

34. 下列各项中，能够引起企业资产总额减少的是(　　)。

A. 向银行借入长期借款　　B. 以银行存款偿还短期借款

C. 接受投资者投入货币资金　　D. 购进设备，货款尚未支付

35. 下列可以确认为企业资产的是(　　)。

A. 经营租入的设备　　B. 外购的商标权

C. 企业的人力资源　　D. 计划购买的生产设备

36. 下列各项中，会引起资产和所有者权益同时变动的是(　　)。

A. 资本公积转增资本　　B. 盈余公积转增资本

C. 宣告发放现金股利　　D. 收到投资者投入资本存入银行

37. 下列各项中，属于流动负债的是(　　)。

A. 应付债券　　B. 预付账款

C. 预收账款　　D. 长期借款

38. 下列各项中，属于流动资产的是(　　)。

A. 固定资产　　B. 预付账款

C. 预收账款　　D. 无形资产

39. 下列经济业务中，引起负债减少，同时所有者权益增加的是(　　)。

A. 以赊购方式购入材料　　B. 以银行存款偿还前欠货款

C. 将应付账款转为股本　　D. 宣告分派现金股利

（二）多项选择题

1. 下列表现资金运动相对静止状态的要素是(　　)。

A. 资产　　B. 收入

C. 费用　　D. 所有者权益

2. 会计对象的三个层次是(　　)。

A. 资金运动　　B. 会计要素

C. 会计科目　　D. 会计凭证

3. 下列项目中，属于流动资产的有(　　)。

A. 购入的土地使用权　　B. 购入的原材料

C. 企业为购买材料预付的购货款　　D. 企业因销售商品预收的销货款

4. 下列各项中，企业能够确认为资产的有(　　)。

A. 经营租赁方式租出的设备

B. 经营租赁方式租入的设备

C. 已收到发票，但尚未到达企业的原材料

D. 盘亏的存货

5. 企业流动性最强的资产有(　　)。

A. 资本　　B. 银行汇票存款

C. 国库券　　D. 股票

6. 关于资产的确认，下列说法不正确的有(　　)。

A. 预期能为企业提供未来经济利益的资源

B. 必须是企业所拥有的

C. 必须是具有实物形态的

D. 包括未来将要取得的资产

7. 下列项目中不应作为负债确认的有(　　)。

A. 因购买货物而暂欠外单位的货款

B. 按照购货合同约定以赊购方式购进货物的货款

C. 计划向银行借款 100 万元

D. 因经济纠纷导致的法院尚未判决且金额无法合理估计的赔偿

8. 下列各项中，属于流动负债的有(　　)。

A. 预收账款　　B. 预付账款

C. 应交税费　　D. 应付债券

9. 下列会计要素中，能够体现企业资金运动动态表现的有(　　)。

A. 所有者权益　　B. 费用

C. 资产　　　　　　　　　　　　　　D. 利润

10. 下列各项中，属于利得的有(　　)。

A. 投资者的出资额大于其在被投资单位注册资本中所占份额的金额

B. 采用权益法核算的长期股权投资，在持股比例不变的情况下，投资企业享有被投资单位除净损益以外所有者权益的其他变动的份额

C. 债务重组收益

D. 持有交易性金融资产期间获得利息而确认的投资收益

11. 下列属于所有者权益类项目的是(　　)。

A. 未分配利润　　　　　　　　　　　B. 直接计入所有者权益的利得和损失

C. 留存收益　　　　　　　　　　　　D. 持有至到期投资

12. 对于工业企业，属于其他业务收入的有(　　)。

A. 从事证券投资取得的收入　　　　　B. 销售原材料取得的收入

C. 转让无形资产所有权取得的收入　　D. 出租固定资产取得的收入

13. 收入按照性质不同，可以分为(　　)。

A. 销售商品收入　　　　　　　　　　B. 提供劳务收入

C. 让渡资产使用权收入　　　　　　　D. 出售固定资产所有权的收入

14. 下列属于费用项目的是(　　)。

A. 主营业务成本　　　　　　　　　　B. 其他业务成本

C. 营业外支出　　　　　　　　　　　D. 资产减值损失

15. 下列各项工作以会计恒等式为理论基础的是(　　)。

A. 复式记账　　　　　　　　　　　　B. 成本计算

C. 编制资产负债表　　　　　　　　　D. 试算平衡

16. 下列各项中，构成企业留存收益的有(　　)。

A. 资本溢价　　　　　　　　　　　　B. 未分配利润

C. 任意盈余公积　　　　　　　　　　D. 法定盈余公积

17. 下列应计入利得和损失项目的是(　　)。

A. 企业发生的办公费　　　　　　　　B. 行政性罚款

C. 财政拨款　　　　　　　　　　　　D. 企业存货的盘盈

18. 企业采用(　　)的，应当保证所确定的会计要素金额能够取得并可靠计量。

A. 重置成本　　　　　　　　　　　　B. 可变现净值

C. 现值　　　　　　　　　　　　　　D. 公允价值

19. 下列各项中，属于企业发生费用可能产生的结果有(　　)。

A. 资产增加　　　　　　　　　　　　B. 负债增加

C. 资产减少　　　　　　　　　　　　D. 负债减少

20. 某企业2010年5月1日资产总额300万元，负债总额200万元。2010年5月资产增加50万元，资产减少40万元；所有者权益增加60万元，所有者权益减少30万元。关于2010年5月31日几个指标的表述，正确的有(　　)。

A. 资产总额310万元　　　　　　　B. 权益总额310万元

C. 负债总额180万元　　　　　　　D. 所有者权益总额130万元

21. 下列各项中，不会引起所有者权益总额发生变动的是(　　)。

A. 用盈余公积弥补亏损　　　　　　B. 向投资者分配利润

C. 提取任意盈余公积　　　　　　　D. 提取法定盈余公积

22. 资金增减变化情况，以下表述正确的是(　　)。

A. 资产与负债和所有者权益项目同时等额增加或等额减少

B. 资产项目此增彼减，增减金额相等

C. 资产项目增加，负债和所有者权益项目减少

D. 负债和所有者权益项目之间此增彼减，增减金额相等

23. 下列各项经济业务中，会使企业资产总额和权益总额同时发生增加变化的有(　　)。

A. 向银行借入半年期的借款，已转入本企业银行存款账户

B. 赊购设备一台，设备已经交付使用

C. 收到某投资者投资，款项已存入银行

D. 用资本公积转增实收资本

24. 下列经济业务中，导致资产增加的有(　　)。

A. 从银行提取现金　　　　　　　　B. 向银行借入短期借款

C. 以资本公积转增资本　　　　　　D. 收到商品预收款

25. 企业收入的取得可能影响下列会计要素的情况有(　　)。

A. 资产的增加　　　　　　　　　　B. 负债的减少

C. 费用的减少　　　　　　　　　　D. 所有者权益的增加

26. 下列各项经济业务中，能引起会计等式左右两边会计要素变动的有(　　)。

A. 收到某单位前欠货款20 000元存入银行

B. 以银行存款偿还银行借款

C. 收到某单位投入机器设备一台，价值80万元

D. 以银行存款8 000元购买材料

27. 下列各项经济业务中，能引起资产和负债同时增加的有(　　)。

A. 企业赊购材料一批　　　　　　　B. 用银行存款偿还所欠货款

C. 从银行借入一笔款项并存入银行　D. 收到投资人投入的资金存入银行

28. 下列可以确认为收入的有(　　)。
A. 商场的商品销售收入　　B. 咨询公司取得的咨询服务收入
C. 罚款收入　　D. 工业企业转让专利权收入
29. 下列各项中构成利润总额的有(　　)。
A. 收入减去费用后的净额　　B. 直接计入当期利润的利得和损失
C. 所得税费用　　D. 投资净收益
30. 下列各项中，会导致资产总额增加的有(　　)。
A. 将现金送存银行　　B. 接受投资者投入设备
C. 收回某公司前欠货款　　D. 向银行借入短期借款
31. 将一项资源确认为资产时，应当符合以下几点(　　)。
A. 是由过去的经济事项引起的　　B. 是付出货币资金购买来的
C. 预期会给企业带来经济利益的　　D. 是企业拥有或控制的
32. 下列属于负债特征的有(　　)。
A. 负债是企业承担的现实义务
B. 是由过去的经济事项引起的
C. 负债的清偿会导致企业经济利益的流出
D. 未来流出的经济利益的金额能够可靠地计量
33. 下列各项不属于所有者权益来源的有(　　)。
A. 投资者投入的资本　　B. 向银行借入的款项
C. 留存收益　　D. 因赊购货物欠其他企业的款项
34. 下列各项不属于流动资产的有(　　)。
A. 固定资产　　B. 库存现金
C. 在建工程　　D. 周转材料
35. 下列各项中，能够确认为企业资产的有(　　)。
A. 银行存款　　B. 融资租入的固定资产
C. 购入的工程物资　　D. 经营租入的固定资产
36. 下列各项中，能够引起资产和负债同时变动的有(　　)。
A. 支付职工薪酬　　B. 发放现金股利
C. 计提短期借款利息　　D. 计提固定资产折旧
37. 会计等式可以描述为(　　)。
A. 资产 - 所有者权益 = 负债
B. 资产 - 负债 = 所有者权益
C. 资产 + 费用 = 负债 + 所有者权益 + 收入
D. 资产 = 负债 + 所有者权益 + 利润

（三）判断题

1. 会计要素是对会计对象进行的基本分类。(　　)

2. 资产是指企业现时的交易或者事项形成的、由企业拥有或者控制的、预期会给企业带来经济利益的资源。(　　)

3. 企业预付的货款实质上也是企业的一项资产。(　　)

4. “生产成本”账户是用来计算产品的生产成本，而产品属于资产。因此，“生产成本”账户按照会计要素分类属于资产类账户。(　　)

5. 没有交换价值和使用价值的物品，不能给企业带来未来效益，不能作为资产确认。(　　)

6. 资产按实物形态可分为流动资产和非流动资产。(　　)

7. 所有者权益是企业投资者对企业资产的所有权。(　　)

8. 企业出售固定资产取得的经济利益总流入，属于收入。(　　)

9. 根据收入要素的确认标准，凡是与企业日常经营活动无关的收入，均不属于收入要素的内容。(　　)

10. 企业非日常活动所形成的经济利益流出确认为费用。(　　)

11. 期间费用是指不能计入产品成本，而应直接计入当期损益，从当期利润中扣除的费用，例如管理费用、销售费用和制造费用。(　　)

12. 费用按照功能不同，可以分为营业成本和间接费用。(　　)

13. 新《企业会计准则》规定，企业取得的捐赠利得应计入“资本公积——其他资本公积”。(　　)

14. 利润是收入与成本配比相抵后的差额，是经营成果的最终要素。(　　)

15. 企业所有的利得和损失均应计入当期损益。(　　)

16. 企业在对会计要素进行计量时，一般应当采用公允价值计量。(　　)

17. 可变现净值通常应用于存货资产在减值情况下的后续计量。(　　)

18. 在重置成本计量下，负债按照现在偿还该项债务所需支付的现金或者现金等价物的金额计量。(　　)

19. 资产与所有者权益在数量上始终是相等的。(　　)

20. 所有者权益与负债都是企业资产的来源，统称为权益。(　　)

21. 用盈余公积转增资本不影响所有者权益总额的变化，但会使企业净资产减少。(　　)

22. 当采购员预借差旅费时，资产总额没有发生变化。(　　)

23. 任何经济业务发生后，均会引起资产和权益同时发生增减变化，但资产和权益在数量上仍然始终相等。(　　)

24. 接受投资者投入实物能引起资产和所有者权益同时发生增减变化。(　　)

25. 将短期借款转为银行对本公司的投资属于权益内部的变化，并不影响资产总额。(　　)

26. 凡是不能给企业带来未来经济利益的资源，都不属于企业资产的范围。(　　)

27. 收入会导致经济利益的流入，从而导致企业资产增加。(　　)

28. 营业利润是企业在日常活动中取得的经营成果，因此它不应包括企业在偶发事件中产生的利得和损失。(　　)

29. 如果某项资产不能再为企业带来经济利益，即使是由企业拥有或控制的，也不能再作为企业的资产在资产负债表中列示。(　　)

30. 会计对象是指会计所要反映和监督的内容，是社会再生产过程中的资金运动。(　　)

31. 资产是指由企业过去的交易或事项形成的、由企业拥有或控制的、预期会给企业带来经济利益的资源，如银行存款、预收账款、原材料等。(　　)

32. 流动负债是指预计在一年内（含一年）或一个营业周期内清偿的债务，包括短期借款、应付账款、应付职工薪酬等。(　　)

33. 所有者权益是指企业资产扣除负债后由所有者享有的剩余权益，包括实收资本（或股本）、资本公积、盈余公积和未分配利润，其中资本公积和未分配利润又合称为留存收益。(　　)

34. 利得和损失一定会影响企业当期损益。(　　)

35. 收入是指企业在日常活动中形成的、会导致所有者权益增加的、与所有者投入资本无关的经济利益的总流入，如主营业务收入、其他业务收入、营业外收入等。(　　)

(四) 综合实务题

1. 说明下列项目应属于哪个会计要素。

项　　目	会计要素	项　　目	会计要素
银行的存款		库存的包装物	
欠交的税金		欠供货单位的款项	
管理费用		欠职工的工资	
库存的原材料		存在外地银行的款项	

续表

项　　目	会计要素	项　　目	会计要素
收到投资人的投资款		企业的开办费	
销售产品的收入		预收的款项	
购买的股票		预付的款项	
本年获得净利润		银行借款利息	
未分配的利润		机器设备	
投资获得的净收益		专利技术或非专利技术	
已支付等待摊销的费用		拥有的土地使用权	
已预提尚未支付的费用		开出的商业汇票	
向银行借入的款项		收到的商业汇票	
提取的盈余公积金		借给职工的款项	

2. 说明下列项目具体应属于哪一项资产。

项　　目	资产类别	项　　目	资产类别
库存现金		外单位所欠的购货款	
房屋、机器设备、汽车		库存的包装物	
库存的产品		购入办公桌椅	
购入的专利技术		拥有土地使用权	
购入的一年内到期的债券		预付给供货单位的款项	
收到的外单位开给的商业汇票		企业的开办费	
摊销期超过一年的待摊费用		购入的三年期国债	

3. 写出下列经济业务发生对会计等式的影响（如为减少，请在金额前面加负号），并计算验证会计等式。

题号	经济业务摘要	资产（元）	负债（元）	所有者权益（元）
	月初余额	600 000	110 000	490 000
例	货款暂欠购入材料一批已入库，金额 5 000 元，料款暂欠	5000	5000	
1	购入材料一批已入库，金额 3 000 元，款项以银行存款支付			

续表

题号	经济业务摘要	资产（元）	负债（元）	所有者权益（元）
2	国家拨入设备一台，价值50 000元			
3	从银行借入资金30 000元，存入银行			
4	收到销货单位归还所欠货款20 000元，存入银行			
5	以现金1 000元，支付采购员出差预借的差旅费			
6	以银行存款20 000元偿还短期借款			
7	接受捐赠设备一套，价值20 000元			
8	从银行取得借款5 000元，直接偿还前欠购料款			
9	以银行存款20 000元缴纳应交税金			
10	以银行存款10 000元偿还前欠料款			
11	从银行提取现金2 000元			
12	将盈余公积10 000元，转增资本			
合　计				

4. 【资料】

（1）恒顺公司2010年4月1日有关项目余额如下（单位：元）：

银行存款	320 000	应交税费	10 000
短期借款	80 000	实收资本	1 000 000
库存现金	2 000	固定资产	658 000
应收账款	60 000	库存商品	170 000
长期借款	250 000	应付账款	20 000
原材料	150 000		

（2）恒顺公司2010年4月发生部分经济业务如下：

①以银行存款归还到期的长期借款100 000元。

②以银行存款购入原材料58 000元，材料入库。

③收回应收账款30 000元，存入银行。

④以银行存款偿还前欠外单位货款20 000元。

⑤从甲企业购进原材料，已入库，货款30 000元尚未支付。

⑥向银行借入短期借款100 000元，存入银行存款账户。

⑦某企业投资设备一套，价值160 000元。

⑧以银行存款缴纳上月增值税10 000元。

⑨从银行提取现金1 000元备用。

⑩签发并承兑商业汇票一张，面额 30 000 元，抵付应付账款。

【要求】

（1）根据资料 1 判断各项目所属的类别，并将相关内容填入下表的第①、②、⑥、⑦栏。

资产项目①	月初余额②	本月增加③	本月减少④	月末余额⑤	权益项目⑥	月初余额⑦	本月增加⑧	本月减少⑨	月末余额⑩
合　计									

（2）根据资料 2 计算每个项目本月增加发生额、本月减少发生额，并填入上表的第③、④、⑧、⑨栏。

（3）根据所得数据，计算每个项目的期末余额，并填入上表的第⑤、⑩栏。

5. 江淮公司 2009 年 12 月发生的部分经济业务如下：

（1）2 日，用银行存款 50 000 元购买原材料，材料已验收入库；

（2）6 日，向亨达公司购买不需要安装的精密机床一台，价款 120 000 元未付；

（3）10 日，收到南方公司投入资本 100 000 元，存入公司银行存款账户；

（4）15 日，用银行存款支付前欠北方公司货款 18 000 元：

（5）21 日，向银行借入短期借款 120 000 元，直接用于归还亨达公司的货款；

（6）22 日，公司所有者代公司归还银行借款 100 000 元，并将其转为投入资本；

（7）25 日，本公司按法定程序减资 50 000 元，用银行存款支付；

（8）30 日，根据公司董事会决议，用盈余公积分配利润 14 000 元；

（9）31 日，公司用盈余公积转增资本 30 000 元。

请分析上述业务属于哪一种类型的经济业务，并说明其变化对会计等式的影响。

第三部分 拓展训练

王娟从大学酒店管理专业毕业后决定和高中同学李兵创办一家快餐公司，从事餐饮服务业务。公司注册资本 50 000 元，于 2009 年 2 月 1 日正式成立。该公司开业后的 2 月份发生下列经济业务：

（1）王娟和李兵各投入现金 10 000 元，从银行借款 30 000 元（银行借款年利率为 6%），均存入公司开立的银行存款账户；

（2）从银行提取现金 600 元备作零星开支；

（3）用银行存款购置专用设备 40 000 元，米、面、油等常备材料 6 000 元，另向城郊蔬菜公司分五次赊购肉类食品、鲜活产品和各类蔬菜等原料 2 000 元；

（4）餐饮收入 18 000 元，兼营小食品零星业务收入 1 500 元；

（5）各种餐饮食品的成本 7 500 元；

（6）支付雇员工资 3 000 元，各种税金 1 000 元；

（7）本月应负担的餐饮专用设备的磨损成本 400 元。

请分析：

（1）公司 2 月末资产、负债和所有者权益涉及的项目有哪些？其金额各是多少？会计等式是否平衡？

（2）计算确定 2 月份的经营成果。

（3）假如王娟大学毕业后本来可以到一家星级宾馆上班，月薪 1 600 元。根据你所计算的结果，评价王娟的创业选择是否合适。

第三章　会计科目与账户

第一部分　考点必会

第一节　会计科目

考点一　会计科目的概念与分类

1. 下列关于会计科目，说法不正确的是(　　)。

A. 会计科目是复式记账的基础，也为编制会计报表提供了条件

B. 对会计对象具体内容进行分类核算的项目称为会计科目

C. 会计科目为编制记账凭证的基础

D. 会计科目是对企业资金运动第三层次的划分

2. 以下属于按照会计科目归属的会计要素不同进行的分类有(　　)。

A. 明细分类科目　　B. 总分类科目

C. 损益类　　D. 成本类

3. 下列会计科目中，属于损益类的是(　　)。

A. 待处理财产损溢

B. 制造费用

C. 固定资产清理

D. 资产减值损失

4. 总分类科目对所属的明细分类科目起着统驭和控制作用，明细分类科目是对其总分类科目的详细和具体说明。(　　)

考点二　会计科目的设置

5. 企业只能使用国家统一的会计制度规定的会计科目，不得自行增减或合并。(　　)

第二节 账户

考点三　账户的概念与分类

6. 关于总分类账户与明细分类账户，下列说法中正确的有(　　)。

A. 总分类账户提供交易或事项综合性的价值指标

B. 明细分类账户只能提供数量指标

C. 总分类账户具有统驭控制作用

D. 明细分类账户具有补充说明作用

考点四　账户的功能与结构

7. 下列各项中，不属于账户金额要素的是(　　)。

A. 期初余额　　B. 期末增加额

C. 本期增加发生额　　D. 本期减少发生额

8. 会计账户划分为左右两个基本部分，一部分反映增加，另一部分反映减少，这取决于账户的(　　)。

A. 性质　　B. 方向

C. 余额　　D. 结构

考点五　账户与会计科目的关系

9. 下列对会计科目和会计账户之间的关系表述正确的是(　　)。

A. 两者都是对会计对象具体内容的科学分类

B. 两者口径一致，性质相同

C. 会计科目是会计账户的名称

D. 会计账户具有一定的格式和结构，而会计科目不具有格式和结构

第二部分 过关必练

（一）单项选择题

1. 下列各选项，属于会计对象的第三层次的是(　　)。

A. 会计要素　　B. 会计科目

C. 会计分录　　D. 资金运动

2. 下列关于会计科目分类的说法中，正确的有(　　)。

A. 会计科目按统驭关系的不同，分为总分类科目和明细分类科目

B. 会计科目按照会计要素的不同，分为资产类、负债类、所有者权益类、收入类和费用类

C. “存货跌价准备”“坏账准备”“资产减值损失”都属于资产类科目

D. 为了适应企业管理精细化的要求，每一个总账科目下都应设置明细科目

3. (　　)不是设置会计科目的原则。

A. 实用性原则　　B. 相关性原则

C. 权责发生制原则　　D. 合法性原则

4. 总分类科目一般按(　　)进行设置。

A. 企业管理的需要　　B. 统一会计制度的规定

C. 会计核算的需要　　D. 经济业务的种类不同

5. 关于会计科目，下列说法中不正确的是(　　)。

A. 会计科目是对会计要素的进一步分类

B. 会计科目按其所提供信息的详细程度及其统驭关系不同，分为总分类科目和明细分类科目

C. 会计科目可以根据企业的具体情况自行设定

D. 会计科目是设置账户的依据

6. (　　)是进行会计核算和提供会计信息的基础。

A. 会计科目　　B. 填制会计凭证

C. 财产清查　　D. 设置账户

7. 会计科目按归属的会计要素不同具体内容可分为(　　)。

A. 资产、负债、所有者权益、收入、费用五类

B. 资产、负债、共同类、成本、损益五类

C. 资产、负债、共同类、所有者权益、利润、损益六类

D. 资产、负债、共同类、所有者权益、成本、损益六类

8. “营业税金及附加”科目按其归属的会计要素应为(　　)。

A. 成本类　　B. 损益类

C. 资产类　　D. 负债类

9. “商品进销差价”科目属于(　　)。

A. 资产类科目　　B. 负债类科目

C. 损益类科目　　D. 成本类科目

10. 开设明细分类账户的依据是(　　)。

A. 一总分类科目　　B. 明细分类科目

C. 试算平衡表　　D. 会计要素内容

11. “坏账准备”账户期初贷方余额为 5 000 元，本期贷方发生 6 000 元，期末贷方余额为 8 000 元，则该账户本期借方发生额为(　　)元。

A. 9 000　　B. 13 000

C. 2 000　　D. 3 000

12. 会计科目和账户之间的区别主要在于(　　)。

A. 反映的经济内容不同

B. 记录资产和权益的增减变动情况不同

C. 记录资产和权益的结果不同

D. 账户有结构而会计科目无结构

13. 2014 年 3 月 31 日，A 公司银行存款账户结存金额为 13 万元，3 月份增加 25 万元，减少 17 万元，2014 年 3 月 1 日 A 公司银行存款账户的结存金额应是(　　)万元。

A. 21　　B. －29

C. 5　　D. 0

14. 账户的基本结构是指(　　)。

A. 账户的具体格式　　B. 账户登记的方向

C. 账户登记的日期　　D. 账户中登记增减金额等的栏次

15. 各账户之间最本质的差别在于(　　)。

A. 反映的经济用途不同　　B. 反映的经济内容不同

C. 反映的结构不同　　D. 反映的格式不同

16. 下列关于账户及其基本结构的表述中，不正确的是(　　)。

A. 账户是根据会计科目设置的，具有一定格式和结构

B. 实际工作中，对会计科目和账户应严格区分，不能相互通用

C. 设置账户是会计核算的重要方法之一

D. 一般情况下，每一账户的核算内容具有独立性和排他性

17. 会计科目是(　　)。

A. 会计要素的名称　　B. 报表的项目

C. 账簿的名称　　D. 账户的名称

18. 企业的会计科目必须反映(　　)的特点。

A. 会计对象　　B. 会计职能

C. 会计本质　　D. 会计定义

19. 账户的基本结构是由会计要素的(　　)变化情况决定的。

A. 数量　　B. 质量

C. 数量和质量　　D. 总量

20. 总分类账户一般只用(　　)。

A. 实物量度　　B. 货币量度

C. 实物、货币量度　　D. 劳动量度

21. 下列反映资产情况的账户是(　　)。

A. 长期借款账户　　B. 实收资本账户

C. 库存商品账户　　D. 管理费用账户

22. 会计科目是(　　)。

A. 会计要素的名称　　B. 会计报表的项目名称

C. 账簿的名称　　D. 账户的名称

（二）多项选择题

1. 下列属于资产类科目的是(　　)。

A. 原材料　　B. 存货跌价准备

C. 坏账准备　　D. 固定资产清理

2. 下列(　　)属于所有者权益类总分类科目。

A. 应付股利　　B. 实收资本

C. 盈余公积　　D. 未分配利润

3. 下列会计科目中，属于资产类会计科目的是(　　)。

A. 存货跌价准备　　B. 持有至到期投资

C. 商品进销差价　　D. 待处理财产损溢

4. 下列会计科目中，属于所有者权益科目的有(　　)。

A. 实收资本　　B. 资本公积

C. 本年利润　　D. 利润分配

5. 下列会计科目中，属于成本类科目的有(　　)。

A. 生产成本　　B. 劳务成本

C. 制造费用　　D. 主营业务成本

6. 下列各项中，与“主营业务税金”同属于一类会计科目的有(　　)。

A. 主营业务成本　　B. 其他业务支出

C. 营业外支出　　D. 管理费用

7. 下列属于二级科目的是(　　)。

A. 辅助材料　　B. 制造费用

C. 应交增值税　　D. 主营业务成本

8. 下列关于会计科目设置应遵循的相关性原则的表述中，正确的有(　　)。

A. 所设置的会计科目应当为提供有关各方所需要的会计信息服务

B. 所设置的会计科目应当满足对外报告与对内管理的要求

C. 所设置的会计科目应当符合单位自身特点，满足单位实际需要

D. 所设置的会计科目应当利于提高会计核算所提供的会计信息相关性

9. 我国新颁布的《企业会计准则应用指南》中规定的共同类会计科目有(　　)。

A. 衍生工具　　B. 套期工作

C. 被套期项目　　D. 交易性金融资产

10. 下列关于会计科目的表述中，正确的有(　　)。

A. 会计科目应根据企业的具体情况自行设定

B. 会计科目是对会计要素具体内容的进一步分类

C. 会计科目可反映会计要素的构成及其变化情况

D. 会计科目按其所提供的详细程度不同分为总分类科目和明细分类科目

11. 下列各项中，(　　)属于会计科目分类方法。

A. 按其归属会计要素分类

B. 按其核算的具体内容分类

C. 按其企业内部管理与外部信息需要分类

D. 按其提供信息的详细程度及统驭关系分类

12. 账户的基本结构包括(　　)。

A. 账户名称　　B. 经济业务的日期

C. 凭证编号　　D. 增加金额和余额

13. 一般说来账户的基本结构具体包括以下内容(　　)。

A. 账户的名称　　B. 会计科目的借贷方向

C. 交易或事项的内容摘要　　D. 增加、减少的金额及余额

14. 下列关于账户的观点中，不正确的有(　　)。

A. 从某个企业看，其全部借方账户与全部贷方账户之间互为对应账户

B. 从某个会计分录看，其借方账户与贷方账户之间互为对应账户

C. 通过试算平衡，若企业的全部账户的借贷方金额合计相等，则账户记录正确

D. 企业不能编制多借多贷的会计分录

15. 下列科目中属于所有者权益的有(　　)。

A. 实收资本　　B. 应付利润

C. 盈余公积　　D. 资本公积

16. 下列会计科目，属于资产类科目的有(　　)。

A. 应收账款　　B. 预收账款

C. 预付账款　　D. 应付账款

17. 可以不设置明细分类科目的总分类科目有(　　)。

A. 现金　　B. 银行存款

C. 应收账款　　D. 应付账款

18. 账户的基本结构，一般应包括下列内容(　　)。

A. 账户名称　　B. 日期和摘要

C. 凭证种类和号数　　D. 增加、减少的金额及余额

19. 会计科目的数量和详细程度应根据(　　)而定。

A. 单位规模的大小　　B. 管理的需要

C. 业务的繁简　　D. 利税的多少

20. 会计科目与账户的相同点是(　　)。

A. 结构相同　　B. 名称相同

C. 作用相同　　D. 反映的经济内容相同

21. 账户中记录的各项金额之间的关系，可用(　　)表示。

A. 本期期末余额 = 期初余额 + 本期增加发生额 - 本期减少发生额

B. 本期期末余额 = 本期增加发生额 - 本期减少发生额

C. 本期期末余额 + 本期减少发生额 = 期初余额 + 本期增加发生额

D. 本期期末余额 = 本期期初余额

22. 下列账户属于负债类账户的有(　　)。

A. 短期借款账户　　B. 预付账款账户

C. 应付账款账户　　D. 应交税费账户

23. 账户一般应包括(　　)。

A. 账户的名称　　B. 日期和摘要

C. 增减发生额和余额　　D. 会计分录

24. 明细分类账户对总分类账户起(　　)作用。

A. 统驭　　　　　　　　　　　　B. 控制
C. 补充　　　　　　　　　　　　D. 说明

25. 通过账户对应关系可以(　　)。

A. 检查经济业务处理的是否合理合法
B. 了解经济业务的内容
C. 登记账簿
D. 进行试算平衡

(三) 判断题

1. 会计科目是进行各项会计记录和提供各项会计信息的基础，在会计核算中具有重要意义。(　　)

2. 会计科目按其反映的经济内容的不同分为资产类、负债类、共同类、所有者权益类、成本类和损益类。(　　)

3. 为了适应企业管理精细化的要求，每个总账科目下都应设置明细科目。(　　)

4. 明细分类科目是对会计要素具体内容进行总括分类核算的账户。(　　)

5. 任何明细科目都对应着一个所属的总账科目。(　　)

6. 会计科目为成本计算与财产清查提供了前提条件。(　　)

7. 会计科目仅仅是对会计要素的具体内容进行分类核算的项目或标志。(　　)

8. 会计科目是根据会计账户设置的。(　　)

9. 总分类科目对所属的明细分类科目起着统驭和控制作用，明细分类科目是对其总分类科目的详细和具体说明。(　　)

10. 反映留存收益的科目有资本公积、盈余公积、本年利润和利润分配。(　　)

11. 在企业基本生产和辅助生产的产品或劳务种类较多的情况下，“生产成本”总分类科目下可设置“基本生产车间”和“辅助生产车间”两个二级科目，在这两个二级科目下，再分别按照基本生产和辅助生产的产品或劳务品种设置明细科目。(　　)

12. 账户是根据会计科目设置的，设有一定结构，用于分类反映会计要素增减变动情况及其结果的载体。(　　)

13. 账户的四个金额要素的基本关系是“期末余额 = 期初余额 + 本期借方发生额 - 本期贷方发生额”。(　　)

14. 在实际工作中，对会计科目和账户一般不严格区分，两者可以相互通

用。(　　)

15. 没有账户，会计科目就失去了设置的依据。(　　)

16. 账户的结构是指账户的借、贷方如何进行登记，余额如何反映。(　　)

17. 为了保证会计核算指标在一个部门，乃至全国范围内综合汇总，所有会计科目及其核算内容都应由国家统一规定。(　　)

18. 在所有的账户中，左方均登记账户增加额，贷方均登记账户减少额。(　　)

19. 会计科目是由国家统一的会计制度规定的，各单位必须严格执行，不能增设或减并。(　　)

20. 会计科目表中的顺序号和科目编号其意义完全相同，可只保留其一。(　　)

21. 会计科目表中的会计科目均相互独立，毫无联系。(　　)

22. 会计科目和账户的口径一致，性质相同，都具有一定的格式和结构，所以，在实际工作中对会计科目和账户不加严格区分，互相通用。(　　)

23. 所有的账户都是依据会计科目开设的。(　　)

第四章 会计记账方法

第一部分 考点必会

第一节 会计记账方法的种类

1. 复式记账要求对每一交易或事项都以(　　)。

A. 相等的金额同时在一个或一个以上相互联系的账户中进行登记

B. 相等的金额同时在两个或者两个以上相互联系的账户中进行登记

C. 不等的金额同时在两个或者两个以上相互联系的账户中进行登记

D. 相等的金额同时在总分类账和两个以上相应的明细账户中进行登记

2. 下列选项中，属于复式记账法特点的有(　　)。

A. 在两个或两个以上相互关联的账户中记录

B. 根据账户的记录了解每一交易或事项的来龙去脉

C. 每项经济业务要以相等的金额登记，据以进行试算平衡

D. 全面、系统地了解经济活动的过程和结果

第二节 借贷记账法

考点一　借贷记账法的概念

3. 下列关于借贷记账法的说法中，错误的是(　　)。

A. 以“借”和“贷”为记账符号

B. 以“资产 = 负债 + 所有者权益”为记账原理

C. 以“有借必有贷、借贷必相等”为记账规则

D. 无论哪种账户，借方表示增加，贷方表示减少

考点二 借贷记账法下账户的结构

4. 某会计培训学员小王、小张、小李、小孙一起讨论有关科目借贷方登记的问题，下列说法正确的是( )。

A. 小张说：借方登记增加，贷方登记减少

B. 小孙说：借方登记成本、费用的增加，收入的减少，贷方相反

C. 小王说：借方登记资产、负债、所有者权益的增加，贷方登记收入、费用增加

D. 小李说：借方登记资产的增加，借方登记负债、所有者权益的增加

5. 费用类科目结构与资产类科目结构类同，即借方登记增加数，贷方登记减少数，期末结转后无余额。( )

6. 生产成本、制造费用、销售费用、管理费用均属于损益类科目，期末结转后一般无余额。( )

7. 权益类科目期末余额 = 期初余额 + 本期贷方发生额 - 本期借方发生额。( )

8. 收入类科目与费用类科目一般没有期末余额，但有期初余额。( )

9. 资产类科目增加都登记在借方。( )

考点三 借贷记账法的记账规则

10. 下列各项中，不符合借贷记账法记账规则的是( )。

A. 资产资本同时减少　　B. 两项资产同时增加

C. 资产负债同时增加　　D. 资产负债同时减少

考点四 借贷记账法下的账户对应关系与会计分录

11. 下列选项中，表述正确的是( )。

A. 从某个会计分录看，其借方科目与贷方科目之间互为对应科目

B. 从某个企业看，其全部借方科目与全部贷方科目之间互为对应科目

C. 试算平衡的目的是验证企业的全部科目的借贷方金额合计是否相等

D. 复合分录是指同时存在两个以上借方科目和两个以上贷方科目的会计分录

考点五 借贷记账法下的试算平衡

12. 关于借贷记账法的试算平衡，下列表述中正确的有(　　)。
A. 试算平衡包括发生额试算平衡法和余额试算平衡法两种
B. 编制试算平衡表时，必须保证所有账户的余额均列入试算平衡表内
C. 试算平衡表借贷不相等，肯定账户记录有错误
D. 试算平衡表是平衡的，并不能肯定账户记录绝对正确
13. 发生额试算平衡的依据是(　　)。
A. 资产 = 负债 + 所有者权益
B. 利润 = 收入 - 支出
C. 有借必有贷，借贷必相等
D. 期末余额 = 期初余额 + 本期增加额 - 本期减少额
14. 关于余额试算平衡表，下列表述中不正确的是(　　)。
A. 全部账户的期初余额合计等于全部账户的期末余额合计
B. 全部账户的借方期初余额合计等于全部账户的贷方期初余额合计
C. 全部账户的借方发生额合计等于全部账户的贷方发生额合计
D. 全部账户的借方期末余额合计等于全部账户的贷方期末余额合计
15. 下列记账错误中，不能通过试算平衡检查发现的是(　　)。
A. 将某一账户的借方发生额 600 元，误写成 6 000 元，贷方金额无误
B. 某项经济业务在记账过程颠倒了借贷科目，金额无误
C. 借方的金额误记到贷方
D. 漏记了借方的发生额

第二部分 过关必练

(一) 单项选择题

1. “有借必有贷，借贷必相等”的记账规则处理每一笔经济业务，结果必然是(　　)。
A. 记账方向相同，金额相等　　B. 记账方向相反，金额不等
C. 记账方向相反，金额相等　　D. 记账方向相同，金额不等
2. 借贷记账法的理论依据是(　　)。

A. 资产 = 负债 + 所有者权益

B. 收入 - 费用 = 利润

C. 借方发生额 = 贷方发生额

D. 期初余额 + 本期增加数 - 本期减少数 = 期末余额

3. 以下(　　)不是借贷记账法的优点。

A. 操作简单易行　　　　B. 账户对应关系清楚

C. 试算平衡简便　　　　D. 设置账户比较灵活

4. 借贷记账法下，账户的哪些方面用来登记增加，哪些方面用来登记减少，是由(　　)决定的。

A. 账户结构　　　　B. 账户性质

C. 记账规则　　　　D. 经济业务性质

5. “预收账款”账户的期初贷方余额为 4 000 元，本期贷方发生额为 6 000 元，期末贷方余额为 3 000 元，则该账户本期借方发生额为(　　)元。

A. 5 000　　　　B. 7 000

C. 1 000　　　　D. 2 000

6. 费用、成本类账户结构与(　　)账户结构类似。

A. 资产类　　　　B. 负债类

C. 收入类　　　　D. 所有者权益类

7. 损益类账户的期末余额及方向表现为(　　)。

A. 有借方余额　　　　B. 有贷方余额

C. 有借贷方余额　　　　D. 期末结转后无余额

8. 2013 年 3 月 31 日，A 公司银行存款账户结存金额为 13 万元，3 月份增加 25 万元，减少 17 万元，2013 年 3 月 1 日 A 公司银行存款账户的结存金额应是(　　)万元。

A. 21　　　　B. -29

C. 5　　　　D. 0

9. 下列账户中，属于成本类账户的是(　　)。

A. “主营业务成本”　　　　B. “周转材料”

C. “库存商品”　　　　D. “制造费用”

10. “累计折旧”账户应属于(　　)。

A. 负债类账户　　　　B. 资产类账户

C. 所有者权益类账户　　　　D. 成本类账户

11. 利润类账户的结构与所有者权益类账户的结构(　　)。

A. 完全一致　　　　B. 完全相反

C. 基本相同　　D. 并无联系

12. “实收资本”账户的期末余额 =(　　)。

A. 期初余额 + 本期借方发生额 - 本期贷方发生额

B. 期初余额 + 本期借方发生额 + 本期贷方发生额

C. 期初余额 + 本期贷方发生额 - 本期借方发生额

D. 期初余额 - 本期借方发生额 - 本期贷方发生额

13. 以下发生额表示增加的是(　　)。

A. 应收账款的贷方　　B. 预收账款的借方

C. 实收资本的借方　　D. 交易性金融资产的借方

14. 下列账户中，不具有对应关系的是(　　)。

A. “银行存款”账户与“应交税费”账户

B. “固定资产”账户与“销售费用”账户

C. “本年利润”账户与“利润分配”账户

D. “预收账款”账户与“主营业务收入”账户

15. (　　)是指对某项经济业务事项标明其应借应贷账户及金额的记录。

A. 会计科目　　B. 会计账户

C. 会计分录　　D. 复试记账

16. 下列关于会计分录的表述中不正确的是(　　)。

A. 应借应贷方向、账户（科目）名称和金额构成了会计分录的三要素

B. 会计分录按涉及账户多少，可以分为简单会计分录和复合会计分录

C. 复合会计分录是指涉及三个或三个以上对应账户所组成的会计分录

D. 会计实际工作中，最常用的会计分录为一借一贷、多借多贷分录

17. 账户发生额试算平衡方法是根据(　　)来确定的。

A. 借贷记账法的记账规则　　B. 资产 = 负债 + 所有者权益

C. 收入 - 费用 = 利润　　D. 平行登记原则

18. 下列记账错误中，可以通过试算平衡查找的是(　　)。

A. 一笔购入固定资产的业务登记了两次

B. 一笔销售商品的业务未被登记

C. 用银行存款 500 元购买办公用品，被错记为：借：银行存款 500，贷：管理费用 500

D. 用现金支付王良明差旅费借款 1 000 元，被错记为：借：其他应收款 1 000，贷：库存现金 10 000

19. 借贷记账法余额试算平衡的依据是(　　)。

A. 借贷记账法的记账规则　　B. 账户的对应关系

C. 账户的结构　　　　　　　　D. 资产与权益的恒等关系

20. 在借贷记账法下，下列关于余额试算平衡法平衡公式的表述中，正确的是(　　)。

A. 全部总分类账户借方发生额合计 = 全部总分类账户贷方发生额合计

B. 全部总分类账户借方期初余额合计 = 全部总分类账户借方期末余额合计

C. 全部总分类账户贷方期初余额合计 = 全部总分类账户贷方期末余额合计

D. 全部总分类账户借方期末余额合计 = 全部总分账户贷方期末余额合计

21. 借贷记账法的发生额试算平衡公式是(　　)。

A. 每个账户的借方发生额 = 每个账户的贷方发生额

B. 全部账户期初借方余额合计 = 全部账户期初贷方余额合计

C. 全部账户本期借方发生额合计 = 全部账户本期贷方发生额合计

D. 全部账户期末借方余额合计 = 全部账户期末贷方余额合计

22. 某企业月末在编制试算平衡表中，全部账户的本月贷方发生额合计为 6 万元，除银行存款的本月借方发生额合计为 4.2 万元，则银行存款账户(　　)。

A. 本月贷方余额为 1.8 万元　　B. 本月借方余额为 1.8 万元

C. 本月借方发生额为 1.8 万元　　D. 本月贷方发生额为 1.8 万元

23. 单式记账法对每项经济业务都只在(　　)账户中进行登记账。

A. 一个　　　　　　　　B. 两个或两个以上

C. 两个　　　　　　　　D. 有关

24. 复式记账法对每项经济业务都以相等的金额在（　　）账户中进行登记账。

A. 一个　　　　　　　　B. 两个或两个以上

C. 两个　　　　　　　　D. 有关

25. 资产账户的借方登记(　　)。

A. 资产的增加　　　　　　B. 资产的减少

C. 费用的转销　　　　　　D. 收入的转销

26. 负债账户的借方登记(　　)。

A. 收入的增加　　　　　　B. 负债的增加

C. 费用的增加　　　　　　D. 负债的减少

27. 资产账户的贷方登记(　　)。

A. 收入的减少　　　　　　B. 资产的减少

C. 资产的增加　　　　　　D. 收入的增加

28. 负债账户的贷方登记(　　)。

A. 费用的增加　　　　　　B. 费用的转销

C. 负债的增加　　　　　　　　D. 负债的减少

29. 资产类账户的期末余额一般应在(　　)。

A. 账户的借方　　　　　　　　B. 账户的贷方

C. 有时在借方，有时在贷方　　D. 以上答案都对

30. 权益类账户的期末余额一般(　　)。

A. 应在借方　　　　　　　　　B. 应与权益账户增加额同方向

C. 可能在借方可能在贷方　　　D. 以上答案都对

31. 根据(　　)的基本原理，对账户记账记录进行试算平衡。

A. 会计要素划分的类别　　　　B. 所发生经济业务的内容

C. 账户结构　　　　　　　　　D. 会计等式

(二) 多项选择题

1. 复式记账法的特点是(　　)。

A. 在两个或两个以上相互关联的账户中记录

B. 根据账户的记录了解每一交易或事项的来龙去脉

C. 每项经济业务要以相等的金额登记，据以进行试算平衡

D. 全面、系统地了解经济活动的过程和结果

2. 按记账方式的不同，记账方法分为(　　)。

A. 单式记账法　　　　　　　　B. 借贷记账法

C. 复式记账法　　　　　　　　D. 收付记账法

3. 与单式记账法相比，复式记账法所具有的显著优点是(　　)。

A. 能够全面反映经济业务内容和资金运动的来龙去脉

B. 能够直观地反映资金的增减变化

C. 能够进行试算平衡，检查账户记录是否正确

D. 能够防止一切错弊

4. 下列关于“有借必有贷，借贷必相等”记账规则的表述中，正确的有(　　)。

A. 记入一个科目的借方，必须同时记入该科目的贷方

B. 记入一个科目的贷方，必须同时记入另一个或几个科目的借方

C. 记入一个科目的借方，必须同时记入另一个或几个科目的贷方

D. 记入几个科目的贷方，必须同时记入另几个科目的贷方

5. 下列属于借贷记账法特点的有(　　)。

A. 以“借”“贷”作为记账符号

B. 根据账户所反映的经济内容来决定记账方向

C. 记账规则是“有借必有贷，借贷必相等”

D. 可以进行发生额试算平衡和余额试算平衡

6. 在借贷记账法下，借方登记的内容包括(　　)。

A. 资产增加　　　　　　　　　B. 所有者权益减少

C. 收入增加　　　　　　　　　D. 负债增加

7. 有关损益类账户，下列表述正确的有(　　)。

A. 费用类账户的增加额记借方

B. 收入类账户的减少额记借方

C. 期末一般无余额

D. 年末一定要直接结转到“利润分配”账户

8. 下列各类账户中，借方登记减少数，贷方登记增加数，期末余额在贷方的有(　　)。

A. 资产类账户　　　　　　　　B. 负债类账户

C. 所有者权益类账户　　　　　D. 成本类账户

9. 期末损益结转时，“本年利润”账户借方的对应账户分别为(　　)。

A. 主营业务收入　　　　　　　B. 主营业务成本

C. 营业外收入　　　　　　　　D. 营业外支出

10. 会计分录的内容包括(　　)。

A. 经济业务内容摘要　　　　　B. 会计科目名称

C. 经济业务发生额　　　　　　D. 应借应贷方向

11. 会计分录的编写步骤是(　　)。

A. 确定交易或事项涉及的账户及性质

B. 确定账户中的金额是增加还是减少

C. 确定所涉及账户应记“借”还是应记“贷”

D. 检查应借、应贷账户是否正确，借贷方金额是否相等

12. 下列属于会计分录格式的有(　　)。

A. 上下结构　　　　　　　　　B. 上借下贷

C. 借贷错开　　　　　　　　　D. 金额相等

13. 在编制试算平衡表时，应该注意(　　)。

A. 必须保证所有会计科目的余额均已记入试算平衡表

B. 如果试算平衡，说明会计科目记录肯定正确无误

C. 如果试算不平衡，会计科目记录肯定有错误，应该认真查找，直到平衡为止

D. 即使试算平衡，也不能说明会计科目记录绝对正确

14. 不影响借贷平衡关系的错误账户记录有(　　)。

A. 漏记某项交易或事项　　B. 重记某项交易或事项

C. 颠倒记账方向　　D. 某项交易或事项记错有关账户

15. 借贷记账法的试算平衡包括(　　)。

A. 发生额试算平衡法　　B. 增加额试算平衡法

C. 差额试算平衡法　　D. 余额试算平衡法

16. 某企业月末编制的试算平衡表借方余额合计为150 000元，贷方余额合计为180 000元。经认真检查，漏记了一个账户的余额。漏记的账户(　　)。

A. 为借方余额　　B. 为贷方余额

C. 余额为15 000元　　D. 余额为30 000元

17. 复式记账法的特点是(　　)。

A. 可以系统、全面反映经济业务内容

B. 可以简化登记账簿的工作

C. 可以清楚地反映经济业务的来龙去脉

D. 便于核对账户的记录

18. 在借贷记账法下账户的借方登记(　　)。

A. 资产的增加　　B. 成本费用的增加

C. 收入的增加　　D. 所有者权益的增加

19. 在借贷记账法下，账户的借方登记(　　)。

A. 收入的减少　　B. 负债的减少

C. 资产的减少　　D. 所有者权益的减少

20. 在借贷记账法下，账户的贷方登记(　　)。

A. 资产的增加　　B. 负债的增加

C. 成本费用的增加　　D. 所有者权益的增加

21. 在借贷记账法下，账户的贷方登记(　　)。

A. 资产的减少　　B. 收入的减少

C. 成本费用的减少　　D. 权益的减少

22. 期末余额一般在账户借方的有(　　)。

A. 资产类账户　　B. 负债类账户

C. 所有者权益类账户　　D. 成本费用类账户

23. 期末余额一般在账户贷方的有(　　)。

A. 资产类账户　　B. 成本费用类账户

C. 收入类账户　　D. 权益类账户

24. 编制会计分录时，必须考虑(　　)。

A. 经济业务发生涉及的会计要素是增加还是减少
B. 在账簿中登记借方还是贷方
C. 登记账在哪些账户的借方还是贷方
D. 账户的余额是在贷方还是在借方
25. 复合会计分录有(　　)。
A. 一借多贷　　B. 一贷多借
C. 多借多贷　　D. 一借一贷
26. 借贷记账法的试算平衡有(　　)。
A. 发生额平衡　　B. 余额平衡
C. 会计要素平衡　　D. 借贷平衡
27. 下列借贷记账法试算平衡公式正确的有(　　)。
A. 资产账户借方发生额合计 = 负债账户贷方发生额合计
B. 全部账户借方发生额合计 = 全部账户贷方发生额合计
C. 全部账户借方余额合计 = 全部账户贷方余额合计
D. 资产账户借方发生额合计 = 资产账户贷方发生额合计
28. 下列错误中哪些不能通过试算平衡发现(　　)。
A. 某项经济业务未登记入账　　B. 只登记借方金额，未登记贷方金额
C. 应借应贷的账户中借贷方向记反　　D. 借贷双方同时多记了相等的金额

(三) 判断题

1. 复式记账法的记账规则是有借必有贷，借贷必相等。(　　)

2. 单式记账法有时即使登记在两个账户中，但这两个账户之间的记录也没有直接的联系。(　　)

3. 在借贷记账法下，损益类科目的借方登记增加数，贷方登记减少数，期末一般无余额。(　　)

4. 借贷记账法下，资产类账户与费用（成本）类账户通常都有期末余额，而且在借方。(　　)

5. 借贷记账法的记账规则为：有借必有贷，借贷必相等。即对于每一笔经济业务都要在两个或两个以上相互联系的会计科目中以借方和贷方相等的金额进行登记。(　　)

6. 按照所反映的经济内容分类归属于不同类别的账户，可能具有相同或者是相似的用途和结构。(　　)

7. 账户的余额总是和账户的增加方向一致。(　　)

8. 通过账户的对应关系，可以了解有关经济业务的来龙去脉。通过账户的

平衡关系，可以检查有关业务的记录是否正确。(　　)

9. 在会计处理中，只能编制一借一贷、一借多贷、一贷多借的会计分录，而不能编制多借多贷的会计分录，以避免对应关系混乱。(　　)

10. 企业在会计核算中，其全部账户的增加数之和必然与全部账户的减少数之和相等。(　　)

11. 编制试算平衡表时，不应包括只有期初余额而没有本期发生额的账户。(　　)

12. 若企业所有总分类科目期初余额是平衡的，即使本期发生额试算不平衡，期末余额试算也有可能会平衡。(　　)

13. 在实际工作中，发生额试算平衡与余额试算平衡可以一并完成。(　　)

14. 记账时，将借贷方向记错，不会影响借贷双方的平衡关系。(　　)

15. 任何只在借方登记或贷方登记，而无对应的贷方或借方记录，或者借贷金额不相等的记录，都是错误的会计记录。(　　)

16. 会计分录是指对某项交易或事项标明其应借、应贷账户及其金额的记录，简称分录。(　　)

17. 复合分录可以由几个简单分录复合而成。(　　)

18. 漏记某项交易或事项，将导致本期借贷双方的发生额等额减少，但借贷仍然平衡。(　　)

19. 期末进行试算平衡时，发现所有总分类账户的本期借方发生额合计数与所有总分类账户的本期贷方发生额合计数不相等，则说明账户记录不正确。(　　)

20. 一笔经济业务的借贷双方，在编制会计分录时，金额上发生同样的错误，则不影响借贷双方的平衡，所以不能通过试算平衡表来发现。(　　)

21. 复式记账法是指对发生的每一项经济业务，都以相等的金额，在相互关联的两个账户中进行记账的一种记账方法。(　　)

22. 复式记账可以反映经济业务的来龙去脉。(　　)

23. 借贷记账法下账户的基本结构，左方为借方，登记资产的增加和权益的减少。(　　)

24. 账户期末余额的方向（借方或贷方），与本期增加额登记账的方向肯定是一致的。(　　)

25. 一般地说，账户期末余额的方向（借方或贷方）与本期增加额登记账的方向是一致的。也就是说，也可能出现不一致。(　　)

26. 每一笔会计分录，不管是“一贷多借”，还是“一借一贷”，借、贷方的金额肯定是相等的。(　　)

27. 为了保持账户对应关系清楚，一般不宜把不同经济业务合并在一起，编制“多借多贷”的会计分录。但在个别情况下，只要账户对应关系清楚，也可以编制“多借多贷”的会计分录。(　　)

28. 通过试算平衡表检查账户记录是否正确，如果借贷平衡，就说明记账没有错误。(　　)

29. 每个账户本期借方和贷方发生额合计都一定相等。(　　)

30. 所有账户借方发生额及余额合计一定等于贷方发生额及余额合计。(　　)

（四）会计分录

1. 从银行提取现金 2 000 元，以备零用。
2. 投资人投入资金 50 000 元，存入银行。
3. 以银行存款 2 000 元，缴纳应交税金。
4. 以银行存款偿还前欠料款 6 000 元。
5. 收到购货单位偿付的前欠货款 5 000 元。
6. 从银行取得借款 20 000 元，存入银行。
7. 开出支票一张，支付所欠乙公司供应材料的货款 15 000 元。
8. 以银行存款 10 000 元购买设备一台。
9. 将资本公积 4 000 元转增资本。
10. 用银行存款 60 000 元归还短期借款。
11. 采购员预借差旅费 1 000 元，以现金付讫。
12. 将多余现金 1 000 元存入银行。
13. 用银行存款预付盛龙公司购买 C 材料款 3 000 元。
14. 通过银行偿还欠长虹公司的货款及运杂费等 4 980 元。
15. 接到银行通知，收到盛龙公司退回的预付款 560 元。
16. 开出现金支票一张 64 000 元，提取现金准备发放工资。
17. 以现金 64 000 元发放本月工资。
18. 以银行存款购入车间用办公用品及劳保用品 1 200 元。
19. 月末预提本月短期借款利息 5 600 元。
20. 月末，计提本月生产车间的折旧费 1 300 元。
21. 月末，预提本月负担的固定资产大修理费 1 000 元。
22. 预收海深公司货款 3 000 元存入银行。
23. 以银行存款支付销售产品的广告宣传费 8 600 元。
24. 盘点发现，库存现金短少 55 元，原因待查。
25. 短少的 55 元现金，责成责任人（张元）赔偿，款项暂未交还。

（五）计算分析题

1. 某企业2012年9月初有关账户余额为：库存现金1 300元（借方）、银行存款53 000元（借方）、原材料22 000元（借方）、库存商品20 000元（借方）、应收账款28 000元（借方）、固定资产140 000元（借方）、应付账款6 000元（贷方）、应交税费2 400元（贷方）、其他应付款900元（贷方）、短期借款100 000元（贷方）、实收资本150 000元（贷方）、盈余公积5 000元（贷方）。

9月份各账户发生额如下表：

金额单位：元

账户名称	本期发生额	
	借方	贷方
库存现金	4 400	3 900
银行存款	120 000	115 000
原材料	46 000	52 000
库存商品	85 000	87 000
应收账款	23 000	26 000
固定资产	7 000	0
应付账款	4 000	5 500
应交税费	2 400	2 100
其他应付款	700	1 000
合计	292 500	292 500

根据资料企业编制了9月末余额试算平衡表：

金额单位：元

账户名称	期末余额	
	借方	贷方
库存现金	1 800	
银行存款	①	
原材料	16 000	
库存商品	②	
应收账款	25 000	
固定资产	147 000	

续表

账户名称	期末余额	
	借方	贷方
应付账款		③
应交税费		④
其他应付款		1 200
短期借款		100 000
实收资本		150 000
盈余公积		5 000
合计	265 800	⑤

要求：在合适的空格填写正确数字。

2. 上海华北制药股份有限公司2013年6月发生下列业务：

①从银行提取现金3 000元。

②用银行存款购入生产运输用卡车一辆，计250 000元。

③大唐生物科技有限公司用价值300 000元的材料向本厂投资，材料已验收入库。

④用银行存款60 000元归还向工商银行所借的短期借款。

⑤收到海欣医药公司偿还的前欠货款100 000元，当即存入银行。

⑥以银行存款20 000元偿还前欠利华公司的购货款。

试算平衡表

2013年6月30日　　　　金额单位：元

账户	期初余额		本期发生额		期末余额	
	借方	贷方	借方	贷方	借方	贷方
库存现金	8 000					
银行存款	850 000					
应收账款	102 000					
原材料	40 000					
固定资产	300 000					
短期借款		80 000				
应付账款		70 000				
实收资本		1 150 000				
合计	1 300 000	1 300 000				

要求：

（1）计算2013年6月30日本期发生额试算平衡的金额。

（2）计算2013年6月银行存款的借方期末余额。

（3）计算2013年6月原材料的期末借方余额。

（4）计算2013年6月应付账款的贷方期末余额。

（5）计算2013年6月末试算平衡的金额。

（六）综合实务题

1. 依例填写下表中各账户借方、贷方登记的内容、明细账户设置及余额的一般情形。

序号	账户名称	借方	贷方	明细账户	余额一般情形	期末余额含义
例	应交税金	增加额	减少额	××税金	贷方	尚未缴纳的税金
1	短期借款					
2	原材料					
3	物资采购					
4	固定资产					
5	应付账款					
6	银行存款					
7	待摊费用					
8	预提费用					
9	主营业务收入					
10	管理费用					
11	制造费用					
12	生产成本					
13	应付工资					
14	本年利润					
15	营业外收入					
16	营业费用					
17	现金					
18	应付票据					
19	应收账款					
20	预收账款					

续表

序号	账户名称	借方	贷方	明细账户	余额一般情形	期末余额含义
21	预付账款					
22	其他业务支出					
23	其他业务收入					
24	无形资产					
25	应付福利费					
26	实收资本					
27	主营业务税金及附加					
28	财务费用					
29	其他应收款					
30	短期投资					
31	长期待摊费用					
32	低值易耗品					
33	累计折旧					

2. 依例在表中填写出各经济事项应记入的账户、方向及一般对应账户。

序号	经济业务	应记入的账户	借方	贷方	一般对应账户
例	从银行取得短期借款	短期借款		√	银行存款
1	职工个人借款				
2	生产设备增加一台				
3	本月发生水电费				
4	偿还前欠购料款				
5	取得销售收入				
6	归还前欠货款				
7	收到购货方归还的货款				
8	计提短期借款利息				
9	支付广告费				
10	在途材料验收入库				

3. 依例根据每笔业务的原始凭证，写出编制记账凭证时，借方、贷方可能用到的会计科目。

序号	原始凭证	借方科目	贷方科目
例	某人借款的借据	其他应收款	现金
1	增值税专用发票（外来）、运杂费发票、转账支票存根		
2	发料单（或发料单汇总表）		
3	工资结算单		
4	制造费用分配结算表		
5	增值税专用发票（自制）、现金支票存根（支付货物运输费用）、进账单		

第三部分 拓展训练

1. 利用学习资源查阅我国记账方法的发展演变过程，并分析各种记账方法产生和存在的原因，总结并归纳为什么借贷记账法能独树一帜而被国际会计惯例所采纳。

2. 某企业期初库存材料 94 200 元，本期仓库共发出材料 38 400 元，期末结存材料 127 800 元，“应付账款”（应付材料款）期初贷方余额为 141 600 元，期末贷方余额为 171 600 元，本期没有发生偿还应付款业务，前期没有预付购料款。

要求：计算本期购入的材料中已付款的材料金额是多少？

第五章　借贷记账法下主要经济业务的账务处理

第一部分　考点必会

第一节　企业的主要经济业务

1. 下列各项中，(　　)属于以货币表现的经济活动。

A. 资产运动　　　　B. 货币运动

C. 营销活动　　　　D. 资金运动

2. 下列各项中，(　　)属于企业资金运动起点。

A. 资金的筹集　　　　B. 资金的使用

C. 资金的分配　　　　D. 资金的退出

第二节　资金筹集业务的账务处理

考点一　所有者权益筹资业务

3. (　　)代表一个企业的实力，是创办企业的“本钱”。

A. 分配利润　　　　B. 所有者权益

C. 实收资本　　　　D. 资本公积

4. 企业接受固定资产投资，除了应计入“固定资产”账户和“实收资本”账户外，还可能涉及的账户是(　　)。

A. 累计折旧　　　　B. 资本公积

C. 盈余公积　　D. 其他业务收入

5. 嘉辉公司发行普通股1 000万股，每股面值1元，每股发行价格5元，向证券公司支付发行手续费20万元，向会计事务所和律师事务所支付咨询费60万元。嘉辉公司发行普通股计入股本的金额应为(　　)万元。

A. 5 000　　B. 4 920

C. 4 980　　D. 1 000

考点二　负债筹资业务

6. 核算短期借款利息时，不会涉及的会计账户是(　　)。

A. “应付利息”　　B. “财务费用”

C. “银行存款”　　D. “短期借款”

7. 某公司2014年7月1日向银行借入资金60万元，期限6个月，年利率为6%，到期还本，按月计提利息，按季付息。该企业7月31日应计提的利息为(　　)万元。

A. 0.3　　B. 0.6

C. 0.9　　D. 3.6

8. 企业向银行或其他金融机构借入的长期借款的偿还期一般是指(　　)。

A. 偿还期在1年（不含1年）以上

B. 偿还期在1年（不含1年）以下

C. 偿还期在1年（包含1年）以上

D. 偿还期在1年（包含1年）以下

第三节　固定资产业务的账务处理

考点三　固定资产的概念与特征

9. 固定资产是指为生产产品、提供劳务、出租或经营管理而持有的，使用期限超过1年的有形资产。(　　)

10. 固定资产是指使用寿命超过一个会计年度的有形资产。(　　)

考点四　固定资产的成本

11. 2010年1月1日，甲公司采用分期付款方式购入大型设备一套，当日投入使用。合用约定的价款为2 700万元，分3年等额支付；该分期支付购买价款的现值为2 430万元。假定不考虑其他因素，甲公司该设备的入账价值为(　　)万元。

A. 810　　B. 2 430

C. 900　　D. 2 700

12. 某企业为增值税一般纳税人，2010年3月份购入一台不需要安装的设备，取得的增值税专用发票注明：买价40 000元，增值税6 800元，另支付运杂费1 200元，保险费600元。则该设备的入账价值为(　　)元。

A. 41 800　　B. 48 600

C. 48 000　　D. 41 200

13. 下列各项中，不应计入固定资产成本的有(　　)。

A. 固定资产进行日常修理发生的人工费用

B. 固定资产（机器设备）安装过程中领用原材料所负担的增值税

C. 固定资产达到预定可使用状态后发生的专门借款利息

D. 固定资产达到预定可使用状态前发生的工程物资盘亏净损失

考点五　固定资产的折旧

14. 计算10月份固定资产应计提折旧额时，不需要的数据是(　　)。

A. 9月份固定资产计提的折旧额

B. 9月份增加固定资产应计提的折旧额

C. 10月份增加固定资产应计提的折旧额

D. 9月份减少固定资产应计提的折旧额

15. 甲公司2012年12月30日购买了一辆公用汽车原价为100 000元，预计使用年限为10年，预计净残值率为1%，该车预计行驶总公里为100 000公里，2013年1月份行驶了1 000公里。请根据分别按平均年限法、工作量法、双倍余额递减法、年数总和法计算一月份折旧额为(　　)元。

A. 825；1 504. 8；99；167

B. 99；1 504. 8；167；825

C. 825；99；167；1 504. 8

D. 99；167；825；1 504. 8

16. 企业计提固定资产折旧应当遵循的原则有(　　)。

A. 当月增加的固定资产，当月不提折旧

B. 当月增加的固定资产，当月应提折旧

C. 当月减少的固定资产，当月不提折旧

D. 当月减少的固定资产，当月照提折旧

考点六　账户设置

17. 购入不需要安装的固定资产，按实际支付的价款(　　)。

A. 借记“工程物资”　　B. 贷记“银行存款”

C. 借记“固定资产”　　D. 贷记“实收资本”

18. “固定资产”账户的期末借方有余额，反映期末实有固定资产的净值。(　　)

考点七　账务处理

19. 乙公司购入小汽车一辆供管理部门使用，增值税专用发票中注明货款为300 000元，增值税税额为51 000元，款项已用银行存款支付。此项业务的正确会计分录是(　　)。

A. 借：库存商品　300 000
　　应交税费——应交增值税（进项税额）　51 000
　　贷：银行存款　351 000

B. 借：固定资产　300 000
　　应交税费——应交增值税（进项税额）　51 000
　　贷：银行存款　351 000

C. 借：在建工程　300 000
　　应交税费——应交增值税（进项税额）　51 000
　　贷：银行存款　351 000

D. 借：固定资产　351 000
　　贷：银行存款　351 000

20. 下列关于固定资产会计处理的表述中，正确的有(　　)。

A. 未投入使用的固定资产不应计提折旧

B. 特定固定资产弃置费用的现值应计入该资产的成本

C. 融资租入管理用固定资产发生的日常修理费应计入当期损益

D. 预期通过使用或处置不能产生经济利益的固定资产应予终止确认

21. 下列各项中，影响固定资产清理净损益的有(　　)。

A. 清理固定资产发生的税费

B. 清理固定资产的变价收入

C. 清理固定资产的账面价值

D. 清理固定资产耗用的材料成本

第四节　材料采购业务的账务处理

考点八　材料的采购成本

22. 某工业企业为增值税一般纳税人，购入一批原材料，价款 400 000 元，进项税额 68 000 元。为采购该批材料发生运杂费 2 000 元及包装物押金 1 000 元，材料已验收入库。则该批材料的入库价值为(　)元。

A. 403 000　　B. 401 860

C. 402 000　　D. 468 000

23. 某工业企业购入材料一批，在发生的下列费用中，应计入材料采购成本的是(　　)。

A. 外地运杂费　　B. 购入材料支付的增值税

C. 运输途中的合理损耗　　D. 发票上所列的买价金额

考点九　账户设置

24. “材料成本差异”账户借方登记(　　)。

A. 库存材料的实际成本大于计划成本的差异

B. 库存材料的实际成本小于计划成本的差异

C. 发出材料应负担的超支差异

D. 发出材料应负担的节约差异

25. “在途物资”账户的期末余额，表示货款尚未支付且尚未验收入库材料的实际成本。(　　)

考点十　账务处理

26. A 公司向 B 公司采购材料，收到 B 公司发来的材料，B 公司开出的增值税专用发票注明的货款为 300 000 元，增值税为 51 000 元；该材料款 A 公司上月已预付了货款的 50%，收料后一个月开出支票补付余额。A 公司在收料时，应(　　)元。

A. 贷记“预付账款”351 000　　B. 借记“预付账款”351 000

C. 贷记“银行存款”201 000　　D. 借记“预付账款”201 000

27. 某公司为增值税一般纳税人，该企业购入乙材料一批不含增值税价款为 10 000 元。购入乙材料已经运抵并已验收入库，但发票等结算凭证尚未收到，货款尚未支付。月末该发票账单仍未收到，暂估价值为 12 000 元。该公司本月末和下月初应编制的会计分录有(　　)。

A. 借：原材料——乙材料　　10 000
　　应交税费——应交增值税（进项税额）　　1 700
　　贷：应付账款——暂估应付款　　11 700

B. 借：应付账款——暂估应付款　　11 700
　　贷：原材料——乙材料　　10 000
　　应交税费——应交增值税（进项税额）　　1 700

C. 借：原材料——乙材料　　12 000
　　贷：应付账款——暂估应付款　　12 000

D. 借：应付账款——暂估应付款　　12 000
　　贷：原材料——乙材料　　12 000

第五节 生产业务的账务处理

考点十一　生产费用的构成

28. 成本是企业为生产产品、提供劳务而发生的各种耗费，是(　　)的费用。

A. 加总计算　　B. 计算分析
C. 对象化　　D. 日常核算

29. 制造产品直接耗用的材料，在会计处理上应以增加(　　)处理。

A. 生产成本　　B. 制造费用
C. 管理费用　　D. 库存商品

30. 下列各项中，属于制造费用核算范围的有(　　)。

A. 车间用房的折旧费
B. 厂部办公大楼的折旧费
C. 车间生产机器设备的日常修理费
D. 直接从事产品生产的生产工人工资

考点十二　材料费用的核算

31. 假定先收到的存货先发出，或先收到的存货先耗用，并根据这种假定的存货流转次序对发出存货和期末存货进行计价的方法是(　　)。

A. 个别计价法　　B. 全月一次加权平均法

C. 先进先出法　　D. 移动加权平均法

32. 某企业期初存货150件，单价4元；本月6日购入原材料300件，单价5元；本月10日购入原材料400件，单价6元；本月发出材料共两次，分别为8日发出250件、15日发出300件。若采用先进先出法，则月末库存成本为(　　)元。

A. 1 800　　B. 2 000

C. 2 300　　D. 2 700

33. 某企业月初库存材料60件，每件为1 000元，月中又购进两批，一次200件，每件950元，另一次100件，每件1 046元，该企业对材料发出采用月末一次加权平均法进行核算，则月末该材料的加权平均单价为(　　)元。

A. 980　　B. 985

C. 990　　D. 1 182

考点十三　账户设置

34. 企业对于发出的商品，在不能确认收入时，应按发出商品的实际成本，借记(　　)科目，贷记“库存商品”科目。

A. “发出商品”　　B. “主营业务成本”

C. “生产成本”　　D. “其他业务成本”

35. “生产成本”科目期末借方余额意味着(　　)。

A. 在产品成本　　B. 已完工产品成本

C. 当期投入的总成本　　D. 当期和以前期间所有产品的总成本

36. 按照企业会计准则规定，下列各项中不应通过“应付职工薪酬”科目核算的是(　　)。

A. 职工工资、资金

B. 离退休人员工资

C. 因解除与职工的劳动关系给予的补偿

D. 非货币性福利

考点十四　账务处理

37. 某生产车间生产A和B两种产品，该车间共发生制造费用60 000元，生产A产品生产工人工时为3 000小时，生产B产品生产工人工时为2 000小时。若按生产工人工时比例分配制造费用，A和B两种产品应负担的制造费用分别为(　　)元。

A. 36 000 和 24 000　　B. 24 000 和 36 000

C. 30 000 和 30 000　　D. 40 000 和 20 000

38. 某生产企业，加工甲产品 1 000 件，每件甲产品耗用原材料 10 千克，原材料的单价为 50 元；加工中发生的直接人工 12 万元，分配的制造费用 10.2 万元。当月甲产品全部完工入库。该批甲产品完工的成本为(　　)万元。

A. 60.2　　B. 72.2

C. 70.2　　D. 62

39. 直接进行产品生产的工人工资，应分配计入(　　)科目。

A. 管理费用　　B. 生产成本——基本生产成本

C. 制造费用　　D. 生产成本——辅助生产成本

40. 企业预付生产车间机器设备的修理费时，会使制造费用增加，应计入“制造费用”账户的借方，同时，贷记“银行存款”账户。(　　)

第六节　销售业务的账务处理

考点十五　商品销售收入的确认与计量

41. 下列关于收入的表述中，不正确的是(　　)。

A. 企业已将商品所有权上的主要风险和报酬转移给购货方是确认商品销售收入的必要前提

B. 企业提供劳务交易的结果能够可靠估计的，应采用完工百分比法确认提供劳务收入

C. 企业与其客户签订的合同或协议包括销售商品和提供劳务的，在销售商品部分和提供劳务部分不能区分的情况下，应当全部作为提供劳务处理

D. 销售商品相关的已发生或将发生的成本不能可靠计量的，已收到的价款不应确认为收入

42. 为将一批商品及时销售出去，某企业决定在原定价格的基础上优惠 10%。该价格优惠属于(　　)。

A. 销售折让　　B. 销售退回

C. 商业折扣　　D. 现金折扣

考点十六　账户设置

43. 企业出租包装物收取的租金应当(　　)。

A. 计入主营业务收入　　B. 计入其他业务收入
C. 计入营业外收入　　D. 冲减管理费用

44. 下列各账户中按用途和结构分类，属于债务结算账户的有(　　)账户。

A. “预付账款”　　B. “其他往来”
C. “应收账款”　　D. “预收账款”

45. 企业收回代购货方垫付的包装费、运杂费时，应贷记(　　)账户。

A. “银行存款”　　B. “其他应收款”
C. “应收账款”　　D. “其他业务收入”

考点十七　账务处理

46. E公司为增值税一般纳税人，2010年3月5日该公司销售一批产品，按价目表标明的价格为30 000元（不含税）。由于是成批销售，E公司给予购货方10%的商业折扣，则应收账款的入账金额为(　　)元。

A. 27 000　　B. 31 590
C. 30 000　　D. 35 100

47. 长江公司2013年2月10日销售商品，应收大海公司的一笔应收账款1 000万元。2013年12月31日，该笔应收账款的未来现金流量现值为900万元。在此之前未计提坏账准备，2013年12月31日，该笔应收账款应计提的坏账准备为(　　)万元。

A. 300　　B. 100
C. 1 000　　D. 0

48. 采购员预借差旅费，企业财会部门以现金付讫，应借记(　　)科目，贷记“库存现金”科目。

A. “其他应付款”　　B. “其他应收款”
C. “营业费用”　　D. “管理费用”

第七节　期间费用的账务处理

考点十八　期间费用的构成

49. 下列各项中，应在发生时直接确认为期间费用的有(　　)。

A. 管理人员工资支出　　B. 广告费支出
C. 固定资产安装工人工资支出　　D. 专设销售机构的职工工资支出

考点十九　账户设置

50. 企业申请使用银行承兑汇票而向承兑银行缴纳的手续费应计入(　　)。

A. 管理费用　　B. 财务费用

C. 生产成本　　D. 销售费用

51. 研究开发活动无法区分研究阶段和开发阶段的，当期发生的研究开发支出应在资产负债表日确认为(　　)。

A. 无形资产　　B. 管理费用

C. 研发支出　　D. 营业外支出

52. 工业企业销售产品时支付的运输费，应计入的账户是(　　)。

A. 生产成本　　B. 管理费用

C. 销售费用　　D. 物资采购

考点二十　账务处理

53. 12 月 20 日，甲企业管理部门职工报销外埠差旅费 3 200 元，原预借差旅费 3 000 元，则应借记的账户和金额是(　　)。

A. 销售费用 3 200 元　　B. 管理费用 3 200 元

C. 其他应收款 3 200 元　　D. 其他应付款 3 200 元

54. 某企业当月发生费用如下：①产品广告费支出 250 000 元；②业务招待费 25 000 元；③技术转让费 150 000 元：④车间的水电费 20 000 元；⑤银行存款利息收入 5 000 元。则该企业当月的期间费用为(　　)元。

A. 420 000　　B. 440 000

C. 430 000　　D. 450 000

第八节　利润形成与分配业务的账务处理

考点二十一　利润的形成和账务处理

55. 下列各项中，属于营业外收入的是(　　)。

A. 固定资产盘盈的净收益　　B. 销售多余材料的收入

C. 出租固定资产的收入　　D. 转让无形资产的收入

56. 下列属于“营业外支出”科目核算内容的是(　　)。

A. 行政管理人员工资　　B. 各种销售费用

C. 借款的利息　　　　D. 非常损失

57. 下列项目中，属于财务成果的计算和处理内容的有(　　)。

A. 利润的计算　　　　B. 所得税的计算

C. 利润分配　　　　D. 亏损弥补

58. 某企业当期营业收入 150 万元、营业成本 100 万元、期间费用 25 万元、营业外收入 5 万元、营业外支出 3 万元、资产减值损失 2 万元、公允价值变动收益 3 万元、营业税金及附加 1 万元、投资收益 10 万元。则企业当期的营业利润为(　　)万元。

A. 37　　　　B. 35

C. 51　　　　D. 60

考点二十二　利润分配的账务处理

59. 某企业 2014 年 1 月 1 日所有者权益构成情况如下：实收资本 1 500 万元，资本公积 100 万元，盈余公积 300 万元，未分配利润 200 万元。2014 年度实现利润总额为 600 万元，企业所得税税率为 25%。假定不存在纳税调整事项及其他因素，该企业 2014 年 12 月 31 日可供分配利润为(　　)万元。

A. 600　　　　B. 650

C. 800　　　　D. 1 100

60. 下列各项中，会导致留存收益总额发生增减变动的是(　　)。

A. 资本公积转增资本　　　　B. 盈余公积补亏

C. 盈余公积转增资本　　　　D. 以当年净利润弥补以前年度亏损

61. 提取盈余公积时应编制的会计分录为(　　)。

A. 借：利润分配
　　贷：盈余公积

B. 借：本年利润
　　贷：盈余公积

C. 借：盈余公积
　　贷：利润分配

D. 借：未分配利润
　　贷：盈余公积

第二部分　过关必练

(一) 单项选择题

1. 实际成本核算适用于(　　)的企业。

A. 材料收发业务较多　　　　B. 材料收发业务较少

C. 存货收发业务较多　　　　D. 存货收发业务较少

2. 原材料已验收入库，月末尚未收到结算凭证的，入库材料按合同价格暂估入账时，除了借记“原材料”账户外，还应贷记(　　)账户。

A. “在途物资”　　　　B. “应付账款”

C. “物资采购”　　　　D. “银行存款”

3. A 企业为增值税小规模纳税人。A 企业购入甲材料 600 千克，每千克含税单价为 50 元，发生运杂费 2 000 元，运输途中发生合理损耗 10 千克，入库前发生挑选整理费用 200 元。该批甲材料的入账价值为(　　)元。

A. 30 000　　　　B. 32 000

C. 32 200　　　　D. 32 700

4. 某企业月初结存材料的计划成本为 100 000 元，成本差异为节约 1 000 元；本月入库材料的计划成本为 100 000 元，成本差异为超支 400 元。当月生产车间领用材料的计划成本为 150 000 元。假定该企业按月末计算的材料成本差异率分配和结转材料成本差异，则当月生产车间领用材料应负担的材料成本差异为(　　)元。

A. 450　　　　B. －450

C. 1 050　　　　D. －1 050

5. 按照实际成本进行原材料核算时，不可能使用的账户是(　　)。

A. 原材料　　　　B. 在途物资

C. 材料采购　　　　D. 银行存款

6. “在途物资”账户借方发生额核算的内容是(　　)。

A. 已入库材料的实际成本　　　　B. 在途材料的实际成本

C. 已入库材料的计划成本　　　　D. 在途材料的计划成本

7. 某公司同时购进 A、B 两种材料。A 材料 3 000 千克，单价 25 元，计价款 75 000 元，增值税为 12 750 元；B 材料 2 000 千克，单价 40 元，计价款 80 000元，增值税为 13 600 元。发生运杂费 1 500 元，所有款项均以银行存款支付。运杂费按材料的重量比例进行分配（不考虑运费的增值税扣除问题）。则其中 A 材料的采购成本为(　　)元。

A. 75 900　　　　B. 88 650

C. 80 600　　　　D. 87 750

8. 采用(　　)时，财会部门应按存货购进批次设置存货明细账。

A. 先进先出法　　　　B. 移动加权平均法

C. 个别计价法　　　　D. 全月一次加权平均法

9. 某企业期初存货 200 件，单价 4.8 元/件；本月 6 日购入原材料 300 件，单价 5 元/件；本月 10 日购入 400 件，单价 6 元/件；本月发出材料共两次，分别为 8 日发出 250 件，15 日发出 300 件。若采用全月一次加权平均法，则本月发出成本单价为(　　)元。

A. 4.8　　B. 5

C. 5.4　　D. 6

10. A 公司采用先进先出法计算发出存货成本。3 月份库存产品数量为 50 件，单价 1 000 元/件；3 月 10 日购入产品 100 件，单价为 1 050 元/件；3 月 12 日领用产品 100 件。如果 A 公司本月未发生其他购货或领货业务，3 月份发出产品的总成本为(　　)元。

A. 100 000　　B. 102 500

C. 105 000　　D. 100 500

11. 按每一种存货的实际成本作为计算发出存货成本和期末存货成本的基础的存货成本计价方法是(　　)。

A. 先进先出法　　B. 后进先出法

C. 个别计价法　　D. 售价金额法

12. 采用加权平均法确定发出材料的实际成本时，不影响本期加权平均单价的因素是(　　)。

A. 期初结存材料的数量　　B. 期末结存材料的数量

C. 期初结存材料的成本　　D. 本期增加材料的成本

13. 某企业采用移动平均法计算发出材料的成本。2013 年 3 月 1 日结存甲材料 200 吨，每吨实际成本为 200 元；3 月 4 日和 3 月 17 日分别购进甲材料 300 吨和 400 吨，每吨实际成本分别为 180 元和 220 元；3 月 10 日和 3 月 27 分别发出甲材料 400 吨和 350 吨。甲材料月末账面余额为(　　)元。

A. 30 000　　B. 30 333

C. 32 040　　D. 33 000

14. 下列关于“生产成本”账户的表述中，正确的是(　　)。

A. “生产成本”账户期末肯定无余额

B. “生产成本”账户期末若有余额，肯定在借方

C. “生产成本”账户的余额表示已完工产品的成本

D. “生产成本”账户的余额表示本期发生的生产费用总额

15. 某企业为增值税一般纳税人，2013 年 3 月购入一台不需要安装的设备，取得的增值税专用发票注明：买价 40 000 元，增值税 6 800 元，另支付运杂费 1 200元，保险费 600 元。则该设备的入账价值为(　　)元。

A. 41 800　　B. 48 600
C. 48 000　　D. 41 200

16. 在所建造的固定资产达到预定可使用状态之前发生的一切合理、必要的支出，进行会计处理时，应借记(　　)账户。

A. “在建工程”　　B. “工程物资”
C. “固定资产”　　D. “暂不作处理”

17. 固定资产应提折旧总额等于(　　)。

A. 固定资产原值－清理费用　　B. 固定资产原值＋清理费用
C. 固定资产原值＋预计净残值　　D. 固定资产原值－预计净残值

18. 计算 10 月份固定资产应计提折旧额时，不需要的数据是(　　)。

A. 9 月份固定资产计提的折旧额
B. 9 月份增加固定资产应计提的折旧额
C. 10 月份增加固定资产应计提的折旧额
D. 9 月份减少固定资产应计提的折旧额

19. 乙公司购入小汽车一辆供管理部门使用，增值税专用发票中注明货款为 300 000 元，增值税税额为 51 000 元，款项已用银行存款支付。此项业务的正确会计分录是(　　)。

A. 借：库存商品　　300 000
　　应交税费——应交增值税（进项税额）　　51 000
　　贷：银行存款　　351 000

B. 借：固定资产　　300 000
　　应交税费——应交增值税（进项税额）　　51 000
　　贷：银行存款　　351 000

C. 借：在建工程　　300 000
　　应交税费——应交增值税（进项税额）　　51 000
　　贷：银行存款　　351 000

D. 借：固定资产　　351 000
　　贷：银行存款　　351 000

20. 企业 2013 年 3 月购入并投入使用不需要安装设备一台原值 860 万元，预计使用年限 5 年，预计净残值 2 万元，采用双倍余额递减法计提折旧，则企业在 2013 年应计提的折旧额为(　　)万元。

A. 344　　B. 240. 8
C. 206. 4　　D. 258

21. 某企业 2013 年 6 月 20 日自行建造的一条生产线投入使用，该生产线建造成本为740万元，预计使用年限为5年，预计净残值为20万元。在采用年数总和法计提折旧的情况下，2013年该设备应计提的折旧额为(　　)万元。

A. 240　　B. 140

C. 120　　D. 148

22. 某企业对账面原价为110万元，累计折旧为70万元的某一项固定资产（不动产）进行清理。清理时发生清理费用5万元，清理收入100万元（按5%的税率缴纳营业税，其他税费略）。该固定资产的清理净收入为(　　)万元。

A. 50　　B. 35

C. 41　　D. 45

23. 企业作为福利为高管人员配备汽车。计提这些汽车折旧时，应编制的会计分录是(　　)。

A. 借记“管理费用”科目，贷记“应付职工薪酬”科目；同时借记“应付职工薪酬”科目，贷记“累计折旧”科目

B. 借记“累计折旧”科目，贷记“固定资产”科目

C. 借记“管理费用”科目，贷记“固定资产”科目

D. 借记“管理费用”科目，贷记“固定资产”科目；同时借记“应付职工薪酬”科目，贷记“累计折旧”科目

24. 下列项目中，通过“固定资产清理”科目贷方核算的是(　　)。

A. 转入清理的固定资产净值　　B. 发生的清理费用

C. 结转的固定资产清理净损失　　D. 结转的固定资产清理净收益

25. 企业计提坏账准备时，应按计提金额借记(　　)账户，贷记“坏账准备”账户。

A. “管理费用”　　B. “资产减值损失”

C. “应收账款”　　D. “公允价值变动”

26. 单位销售商品、对外提供劳务等应向购货方或接受劳务方收取的价税款和单位采购材料物资按规定预付给供货单位的账款等属于(　　)。

A. 应收和预收款项　　B. 应付和预收款项

C. 应收和预付款项　　D. 应付和预付款项

27. 甲企业期末按照应收账款余额的5%计提坏账准备，2011年年末应收账款余额为100万元。2012年应收账款余额增加20万元，发生坏账损失1万元，则2012年应提取的坏账准备为(　　)万元。（假设该企业不存在需要计提坏账准备的其他应收款项）

A. 6.95　　B. 5.95

C. 2.95　　D. 1.95

28. 乙公司备用金实行非定额制管理。2012 年 9 月 20 日，公司办公室工作人员韩华报销差旅费 2 368 元，原预借款 3 000 元，余额交回现金。对于此项经济业务，正确的会计分录是(　　)。

A. 借：管理费用　　2 368
　　　库存现金　　632
　　贷：其他应收款——韩华　　3 000

B. 借：库存现金　　632
　　贷：其他应收款——韩华　　632

C. 借：管理费用　　3 000
　　贷：其他应收款——韩华　　3 000

D. 借：管理费用　　632
　　贷：其他应收款——韩华　　632

29. 某企业销售商品一批，增值税专用发票注明的价款为 60 万元，适用的增值税税率为 17%，为购买方代垫运杂费 2 万元，货款尚未收回。该企业确认的应收账款为(　　)万元。

A. 60　　B. 62

C. 70. 2　　D. 72. 2

30. 甲企业与乙企业签订销货合同规定：销货金额为 200 000 元，增值税税额为 34 000 元；乙企业先支付全部款项的 60%，余款在货物交付后补付，甲企业收到企业补付的款项时，应编制的会计分录为(　　)。

A. 借：银行存款　　93 600
　　贷：预收账款　　93 600

B. 借：银行存款　　93 600
　　贷：应付账款　　93 600

C. 借：银行存款　　93 600
　　贷：主营业务收入　　93 600

D. 借：银行存款　　80 000
　　贷：主营业务收入　　80 000

31. 结算本月应付职工工资 103 000 元，其中直接生产工人工资 80 000 元，车间管理人员工资 8 000 元，企业管理人员工资 15 000 元，会计处理正确的是(　　)。

A. 借：生产成本　　88 000
　　　管理费用　　15 000
　　贷：应付职工薪酬　　103 000

B. 借：生产成本　　80 000
　　管理费用　　23 000
　　贷：应付职工薪酬　　103 000

C. 借：生产成本　　80 000
　　制造费用　　8 000
　　管理费用　　15 000
　　贷：应付职工薪酬　　103 000

D. 借：制造费用　　103 000
　　贷：应付职工薪酬　　103 000

32. 甲公司向职工发放自产的产品作为福利，该产品的成本为每台 150 元，共有职工 500 人，计税价格为 200 元，增值税税率为 17%，则该公司计入应付职工薪酬的金额为(　　)元。

A. 117 000　　B. 75 000
C. 100 000　　D. 300 000

33. 企业为车间管理人员缴纳的失业保险费应计入(　　)。

A. 管理费用　　B. 制造费用
C. 销售费用　　D. 财务费用

34. B 公司为增税值一般纳税人，2013 年 3 月 1 日“应交税费——应交增值税”账户无余额，3 月份销项税额 30 000 元，进项税额 40 000 元，进项税额转出 20 000 元。B 公司 3 月份应交增值税(　　)元。

A. －10 000　　B. －30 000
C. 10 000　　D. 20 000

35. 2013 年 4 月 1 日，B 公司因生产经营的临时性需要从银行取得借款 40 000元，借款期限 6 个月，借款年利率为 6%，利息按季结算，确认 4 月份利息费用的会计分录为(　　)。

A. 借：财务费用　　200
　　贷：短期借款　　200

B. 借：管理费用　　200
　　贷：应付利息　　200

C. 借：财务费用　　200
　　贷：应付利息　　200

D. 借：应付利息　　200
　　贷：银行存款　　200

36. 下列关于“实收资本”账户的说法中，正确的是(　　)。

A. 借方登记所有者投入企业资本金的增加数

B. 借方登记以资本公积转增资本的数额

C. 贷方登记所有者投入企业资本金的减少

D. 贷方登记盈余公积转增资本的数额

37. 企业增加实收资本的途径不包括(　　)。

A. 资本公积转赠资本　　　　B. 发放现金股利

C. 所有者投入资本　　　　D. 盈余公积转赠资本

38. A 公司由甲、乙两方各出资 100 万元组建而成。经营 1 年后，经协议约定，丙投资 120 万元加入 A 公司且持股比例占 1/3。如果甲和乙的投资额均未发生变动，则由于丙的加入，A 公司实收资本应增加(　　)万元。

A. 100　　　　B. 120

C. 300　　　　D. 320

39. 乙公司接受丙公司股东投入设备一台，该设备在原丙公司的账面原值为 52 000 元，累计折旧 16 000 元。该设备经过乙、丙公司确认的资产价值为 40 000元。乙公司接受投资后，丙公司占乙公司注册资本 1 000 000 元中的 3%。乙公司正确的会计处理是(　　)。

A. 借：固定资产　　52 000
　　贷：实收资本　　30 000
　　　　累计折旧　　22 000

B. 借：固定资产　　30 000
　　贷：实收资本　　30 000

C. 借：固定资产　　40 000
　　贷：实收资本　　30 000
　　　　资本公积　　10 000

D. 借：固定资产　　40 000
　　贷：实收资本　　30 000
　　　　累计折旧　　10 000

40. 某企业为一般纳税人，销售甲产品 60 件，单价 1 500 元/件，增值税税额为 15 300 元，款项尚未收到，应编制的会计分录为(　　)。

A. 借：银行存款　　105 300
　　贷：主营业务收入　　90 000
　　　　应交税费——应交增值税（销项税额）　　15 300

B. 借：应收账款　　105 300
　　贷：主营业务收入　　90 000

应交税费——应交增值税（进项税额）　　15 300

C. 借：应收账款　　105 300

　贷：主营业务收入　　105 300

D. 借：应收账款　　105 300

　贷：主营业务收入　　90 000

　　应交税费——应交增值税（销项税额）　　15 300

41. 甲产品经过两道工序加工完成，采用约当产量比例法将直接人工成本在完工产品和月末在产品之间进行分配。甲产品月初在产品和本月发生的直接人工成本总计 23 200 元。本月完工产品 200 件；月末第一工序在产品 20 件，完成全部工序的 40%；第二工序在产品 40 件，完成全部工序的 60%。月末在产品的直接人工成本为(　　)元。

A. 2 400　　B. 3 200

C. 6 000　　D. 20 000

42. 某企业只生产一种产品，本月的成本资料如下：月初在产品成本为 8 000元，本月生产该产品耗用材料 50 000 元，生产工人工资 8 000 元，车间管理人员工资 2 000 元，应付福利费按照工资总额的 14% 计提，车间水电、折旧等费用合计 4 600 元，预付车间半年保险费 1 200 元（含本月），月末在产品生产成本 4 200 元，则该车间本月完工产品生产成本为(　　)元。

A. 68 600　　B. 69 600

C. 70 000　　D. 71 000

43. “生产成本”科目期末借方余额意味着(　　)。

A. 在产品成本　　B. 已完工产品成本

C. 当期投入的总成本　　D. 当期和以前期间所有产品的总成本

44. 某企业的制造费用采用生产工人工时比例法进行分配。该企业当月生产甲、乙两种产品，共发生制造费用 50 000 元。当月生产甲、乙两种产品共耗用 20 000 工时，其中，甲产品耗用 16 000 工时，乙产品耗用 4 000 工时。则甲产品应分配的制造费用为(　　)元。

A. 30 000　　B. 20 000

C. 16 000　　D. 40 000

45. 某企业本月支付厂部管理人员工资 15 000 元，预支厂部半年（含本月）修理费 1 200 元，支付生产车间本月保险费 3 000 元，该企业本月管理费用发生额为(　　)元。

A. 15 000　　B. 16 200

C. 15 200　　D. 19 200

46. 某企业当期营业收入150万元、营业成本100万元、期间费用25万元、营业外收入5万元、营业外支出3万元、资产减值损失2万元、公允价值变动收益3万元、营业税金及附加1万元、投资收益10万元。则企业当期的营业利润为(　　)万元。

A. 37　　B. 35

C. 51　　D. 60

47. 下列关于“本年利润”账户的表述中正确的是(　　)。

A. 借方登记转入的营业收入，营业外收入等金额

B. 贷方登记转入的营业成本，营业支出等金额

C. 年度终了结账后，该账户无余额

D. 全年的任何一个月末都不应有余额

48. 企业本期全部损益状况如下：主营业务收入1 286 000元，主营业务成本663 000元，营业税金及附加24 000元，管理费用60 000元，销售费用30 000元，投资收益50 000元，营业外收入12 000元，营业外支出8 000元，所得税费用185 790元，则企业本期利润总额为(　　)元。

A. 509 000　　B. 563 000

C. 377 210　　D. 323 210

49. 10月31日，某企业“本年利润”账户有借方余额98 000元，表示(　　)。

A. 该企业1月1日至10月31日累计发生的净利润

B. 该企业10月份实现的净利润

C. 该企业1月1日至10月31日累计发生的净亏损

D. 该企业10月份发生的净亏损

50. 2012年年末甲企业所有者权益如下：实收资本200万元，资本公积17万元，盈余公积38万元，未分配利润32万元。则该企业2012年年末留存收益为(　　)万元。

A. 32　　B. 38

C. 70　　D. 87

51. “利润分配——未分配利润”科目的借方余额，反映(　　)。

A. 本年度发生的亏损　　B. 本年度实现的净利润

C. 历年累积的分配利润　　D. 历年累积的未弥补亏损

52. 以下账户中期末一般无余额的是(　　)。

A. 应交税费　　B. 本年利润

C. 应付利息　　D. 营业外收入

53. 下列项目中不构成材料采购成本的是(　　)。

A. 买价　　B. 增值税

C. 消费税　　D. 关税

54. 法定盈余公积的计提比例为税后净利润的(　　)。

A. 7%　　B. 5%

C. 10%　　D. 16%

55. 某企业购买甲材料 500 千克，取得增值税专用发票，单价 20 元，价款 10 000 元，增值税税额 1 700 元，发生运杂费 500 元，材料运输途中发生合理损耗 20 千克，入库前发生挑选整理费 300 元，则甲材料的采购成本为(　　)元。

A. 10 800　　B. 11 200

C. 12 900　　D. 10 400

56. 经营租入的固定资产的改良支出应计入(　　)账户。

A. 在建工程　　B. 固定资产

C. 长期待摊费用　　D. 营业外支出

57. “应付职工薪酬”是(　　)科目。

A. 资产类　　B. 负债类

C. 所有者权益类　　D. 损益类

58. “材料采购”账户期末若有余额，表示(　　)。

A. 已购入但尚未验收入库的材料

B. 企业本月及以前各期累计购买的材料金额

C. 企业目前尚存的原材料

D. 企业已入库和已耗用材料的差额

59. 工业企业将多余闲置的固定资产出租，收取的租金收入应计入(　　)。

A. 主营业务收入　　B. 其他业务收入

C. 投资收益　　D. 营业外收入

60. 以下属于所有者权益的项目是(　　)。

A. 著作权　　B. 固定资产

C. 投入资本　　D. 应收账款

61. 甲企业从银行借款 10 万元归还原欠 B 公司的购货款，借款和还款手续办妥后，企业(　　)。

A. 资产和负债都增加了　　B. 权益和资产都增加了

C. 一项负债减少另一项负债增加　　D. 负债减少，资产增加

62. 企业出售无形资产取得的净收益应计入(　　)。

A. 主营业务收入　　B. 其他业务收入

C. 营业外收入　　D. 投资收益

63. 甲企业经股东大会批准后，决定将10万元盈余公积转增为资本金，这项业务发生后该企业（　　）。

A. 资产总额增加了

B. 负债总额减少了

C. 所有者权益减少，资产增加

D. 原有的资产、负债、所有者权益总额均未变化

64. 企业利润分配中以下项目的分配顺序为（　　）。

① 提取任意盈余公积　　② 弥补亏损

③ 提取法定盈余公积　　④ 向投资者分配利润

A. ①→②→③→④　　B. ②→③→①→④

C. ③→①→②→④　　D. ②→①→③→④

65. 企业处置固定资产发生的净损失应计入（　　）。

A. 主营业务成本　　B. 其他业务成本

C. 营业外收入　　D. 营业外支出

66. 企业其他业务缴纳的营业税金应借记的科目是（　　）。

A. 其他业务成本　　B. 应交税费

C. 营业税金及附加　　D. 营业外支出

67. 企业的应付款项确实无法支付，经确认后转作（　　）。

A. 主营业务收入　　B. 其他业务收入

C. 营业外收入　　D. 资本公积

68. 企业支付工会经费和职工教育经费用于工会活动和职工培训，应借记的科目是（　　）。

A. 其他应收款　　B. 应付职工薪酬

C. 管理费用　　D. 其他应付款

69. 下列各项中，应计入管理费用的是（　　）。

A. 审计费　　B. 广告费

C. 采购运费　　D. 自然灾害损失

70. 企业生产车间发生的固定资产修理费应计入（　　）。

A. 生产成本　　B. 制造费用

C. 管理费用　　D. 营业外支出

71. 企业出租固定资产计提的折旧应计入（　　）。

A. 制造费用　　B. 管理费用

C. 其他业务成本　　D. 营业外支出

72. 车间管理人员的工资应作为(　　)计入“制造费用”账户的借方。

A. 直接生产费用　　B. 间接生产费用

C. 管理费用　　D. 期间费用

73. “库存商品”账户的借方登记账从(　　)账户中结转的本期已完工产品的生产成本。

A. “主营业务成本”　　B. “生产成本”

C. “营业费用”　　D. “制造费用”

74. “主营业务成本”账户的借方登记账从(　　)账户中结转的本期已售产品的生产成本。

A. “库存商品”　　B. “生产成本”

C. “生产成本”和“营业费用”　　D. “营业费用”

75. 企业将货币资金存入银行所得到的利息收入，应该计入(　　)账户的贷方。

A. “营业费用”　　B. “制造费用”

C. “管理费用”　　D. “财务费用”

76. 企业购进材料，开出并承兑商业汇票一张，该款项应作为(　　)加以确认。

A. 资产　　B. 费用

C. 负债　　D. 收入

77. 企业购入材料发生的运杂费等采购费用，应计入(　　)。

A. 管理费用　　B. 材料采购成本

C. 生产成本　　D. 产品销售成本

78. 下列应计入“其他业务收入”账户的是(　　)。

A. 销售产品收入　　B. 存款利息收入

C. 销售多余材料收入　　D. 对外投资红利收入

79. 下列应计入“其他业务支出”账户的是(　　)。

A. 销售产品的生产成本　　B. 广告费

C. 管理人员工资　　D. 企业附营项目的成本

80. 在下列项目中(　　)属于营业外收入。

A. 销售材料的收入　　B. 转让无形资产的收入

C. 固定资产盘盈　　D. 出租固定资产的租金收入

81. 在下列项目中(　　)属于营业外支出。

A. 转让无形资产的成本　　B. 固定资产盘亏和毁损

C. 无法收回的应收款　　D. 支付广告费

82. “利润分配”账户在年终结转后出现借方余额，表示(　　)。

A. 未分配的利润额　　B. 未弥补的亏损额

C. 已分配的利润额　　D. 已实现的利润额

83. 利润总额是企业某个会计期间的经营成果，包括(　　)。

A. 营业利润和其他销售利润

B. 营业利润、营业外收入和营业外支出

C. 营业利润、营业外收支净额和汇兑损益

D. 营业利润、其他单位分来的利润和投资收益

84. “制造费用”账户应按照(　　)进行明细核算。

A. 车间类别　　B. 费用项目

C. 产品类别　　D. 既按车间又按费用项目

85. “未分配利润”明细账年终贷方余额表示(　　)。

A. 未弥补的亏损数　　B. 本年可供分配的利润数

C. 未分配的利润数　　D. 本年发生的亏损数

86. 下列属于期间费用的是(　　)。

A. 财务费用　　B. 生产成本

C. 制造费用　　D. 产品生产费用

87. 企业购入原材料，买价 2 000 元，增值税（进项税额）340 元，发生运杂费 230 元，入库前发生整理挑选费 90 元。该批原材料的实际成本为(　　)元。

A. 2 660　　B. 2 570

C. 2 320　　D. 2 230

88. 下列选项中，应计入产品成本的工资费用是(　　)。

A. 基本生产车间管理人员工资　　B. 行政管理部门人员工资

C. 在建工程人员工资　　D. 专设销售机构人员工资

89. 下列选项中，能够作为费用核算的是(　　)。

A. 以现金对外投资　　B. 以现金分派股利

C. 支付劳动保险费　　D. 购买固定资产支出

90. 下列各项中，不属于其他业务收入的有(　　)。

A. 固定资产出售收入　　B. 技术转让收入

C. 包装物出租收入　　D. 材料销售收入

91. 下列各项业务中，在进行会计处理时应计入管理费用的是(　　)。

A. 支付离退休人员的工资　　B. 销售部门固定资产计提折旧

C. 生产车间管理人员的工资　　D. 计提坏账准备

（二）多项选择题

1. 某工业企业购入材料一批，在发生的下列费用中，应计入材料采购成本的是(　　)。

A. 外地运杂费　　B. 购入材料支付的增值税

C. 运输途中的合理损耗　　D. 发票上所列的买价金额

2. 企业对存货采用实际成本法核算时，需要设置的科目有(　　)。

A. 原材料　　B. 在途物资

C. 材料采购　　D. 材料成本差异

3. 实际工作中，存货发出计价方法包括(　　)。

A. 先进先出法　　B. 后进先出法

C. 加权平均法　　D. 个别计价法

4. 发出存货按先进先出法计价，其主要特点有(　　)。

A. 发出存货的成本比较接近于其重置成本

B. 物价上涨时，避免虚增利润

C. 发出存货的成本与其重置成本差额较大

D. 期末结存成本比较接近市价

5. 企业按月计提的固定资产折旧，应按固定资产的使用地点不同借记有关账户。下列中可能借记的账户有(　　)。

A. 管理费用　　B. 制造费用

C. 销售费用　　D. 其他业务成本

6. 丙公司因遭受意外火灾，毁损厂房一幢，厂房账面原价 4 000 000 元，已提折旧 800 000 元，未计提减值准备。该厂房残料估计价值 200 000 元，残料已验收入库。清理过程中以银行存款支付清理费用 50 000 元。经保险公司核定应由其赔偿损失 100 000 元，赔款尚未收到。毁损仓库已清理完毕。丙公司正确的账务处理是(　　)。

A. 借：固定资产清理　　3 200 000

　　累计折旧　　800 000

　　贷：固定资产　　4 000 000

B. 借：原材料　　200 000

　　其他应收款　　100 000

　　贷：固定资产清理　　300 000

C. 借：固定资产清理　　50 000

　　贷：银行存款　　50 000

D. 借：营业外支出　　2 950 000

　　贷：固定资产清理　　2 950 000

7. 下列各项中，应计提固定资产折旧的有(　　)。

A. 经营租入的设备

B. 融资租入的办公楼

C. 已投入使用但未办理竣工决算的厂房

D. 已达到预定可使用状态但未投产的生产线

8. 下列各项业务中，应计入“坏账准备”科目贷方的是(　　)。

A. 冲回多提的坏账准备　　B. 当期确认的坏账损失

C. 当期应补提的坏账准备　　D. 已转销的坏账当期又收回

9. 下列各项中，应通过“其他应收款”账户核算的是(　　)。

A. 应向现金出纳员索赔的现金短款

B. 应收销售商品、提供劳务的货款

C. 应向职工收取的违规操作罚款

D. 采购员赴外地采购预借的差旅费

10. 下列各项中，会引起期末应收账款账面价值发生变化的有(　　)。

A. 计提坏账准备　　B. 收回应收账款

C. 转销坏账准备　　D. 收回已转销的坏账

11. 某企业2013年8月，销售一批化妆品，化妆品的成本为80万元，为了销售发生推销费用0.5万元，化妆品厂的销售价款为100万元，应收取的增值税销项税为17万元，因为销售该批化妆品应缴纳的消费税为30万元。根据该项经济业务，下列表述中正确的有(　　)。

A. “主营业务成本”账户应反映借方发生额80万元

B. “主营业务收入”账户应反映贷方发生额100万元

C. “主营业务税金及附加”账户应反映借方发生额30万元

D. “营业费用”账户应反映借方发生额0.5万元

12. 南京某塑料厂为购置生产线取得长期借款，到期一次还本付息，则企业在所购置的固定资产达到预定可使用状态之后发生的借款利息，应(　　)。

A. 借记“在建工程”　　B. 贷记“财务费用”

C. 借记“财务费用”　　D. 贷记“长期借款”

13. 下列说法正确的是(　　)。

A. 计提短期借款利息的分录为借记财务费用，贷记“应付利息”

B. 计提长期借款利息的分录为借记财务费用，贷记“长期借款——应付利息”或“借款利息”

C. 长期借款利息可能计入的科目有“在建工程”“财务费用”和“管理费用”

D. 长期借款的贷方发生额表示企业借入的长期借款本金和到期一次还本付息长期借款的应付利息

14. 下列事项中，会导致企业资本公积增加的有(　　)。

A. 溢价发行股票　　B. 收到现金捐赠

C. 企业增资扩股　　D. 将资本公积转增资本

15. 下列各项中，工业企业应确认为其他业务收入的有(　　)。

A. 对外销售材料收入　　B. 出售专利所有权收入

C. 处置营业用房净收益　　D. 转让商标使用权收入

16. 下列对象中，分配职工工资薪酬不应计入产品成本的有(　　)。

A. 企业行政管理人员工资　　B. 企业车间生产人员工资

C. 企业车间管理人员工资　　D. 专设销售机构人员工资

17. 关于“生产成本”科目，下列说法中正确的有(　　)。

A. 该科目属于损益类科目

B. 该科目借方登记应计入产品成本的各项费用

C. 该科目贷方登记完工入库产品的生产成本

D. 该科目借方余额，表示尚未完工产品的实际生产成本

18. 山川有限公司本月生产完工A产品1 000件，B产品500件，生产成本——A期初余额为5 000元，本月用于生产A产品的直接材料和直接人工为30 000元，用于生产B产品的直接材料和直接人工为60 000元，制造费用总额为12 000元，按完工产品数量分配制造费用，生产成本——B期末余额为15 000元，下列说法正确的是(　　)。

A. A产品负担的制造费用为8 000元，B产品负担的制造费用为4 000元

B. 完工A产品成本为43 000元，完工B产品成本为49 000元

C. 完工A产品单位成本为43元/件，完工B产品单位成本为98元/件

D. 因为B产品期末尚未完全完工，所以期末时不应结转B产品成本

19. 下列各项中，应计入期间费用的有(　　)。

A. 销售商品发生的销售折让

B. 销售商品发生的售后服务费

C. 销售商品发生的商业折扣

D. 委托代销商品支付的手续费

20. 下列各项中，应计入财务费用的是(　　)。

A. 银行承兑汇票手续费　　B. 购买交易性金融资产手续费

C. 外币应收账款汇兑损失　　D. 商业汇票贴现发生的贴现息

21. 企业发生的下列费用中，应计入管理费用的有(　　)。

A. 计提的坏账准备　　B. 车间固定资产的维修费

C. 矿产资源补偿费　　D. 管理用固定资产计提的折旧

22. 属于营业外收入的有(　　)。

A. 取得的政府补助收入　　B. 银行存款利息收入

C. 收到的现金捐赠　　D. 出售原材料取得的收入

23. 下列各项中，按规定应计入企业营业外支出的有(　　)。

A. 对外捐赠支出　　B. 行政性罚款支出

C. 管理不善而造成的原材料盘亏　　D. 固定资产盘亏损失

24. 期末结转后无余额的账户有(　　)。

A. “实收资本”　　B. “主营业务成本”

C. “库存商品”　　D. “销售费用”

25. 下列各科目的余额，期末应结转到“本年利润”科目的有(　　)。

A. “营业外收入”　　B. “营业外支出”

C. “投资收益”　　D. “制造费用”

26. 下列各项中，影响企业营业利润的有(　　)。

A. 出售原材料损失　　B. 计提无形资产减值准备

C. 公益性捐赠支出　　D. 基本生产车间的固定资产修理费

27. 下列关于“所得税”账户的表述中正确的有(　　)。

A. 它是损益类账户

B. 该账户的余额期末结账时应转入“本年利润”账户

C. 该账户属负债类账户

D. 该账户的余额一般在贷方

28. 某企业本年度应交所得税为25万元，该项经济业务涉及的科目有(　　)。

A. “应交税费”　　B. “营业税金及附加”

C. “其他应付款”　　D. “所得税费用”

29. 下列各项中，不会引起留存收益变动的有(　　)。

A. 盈余公积补亏　　B. 计提法定盈余公积

C. 盈余公积转增资本　　D. 计提任意盈余公积

30. 按照规定，企业提取的法定盈余公积和任意盈余公积的主要用途有(　　)。

A. 扩大企业生产经营　　B. 弥补企业亏损

C. 盈余公积转增资本　　D. 向投资者分配

31. 年末结账后，“利润分配”余额为零的明细科目包括( )。

A. “提取法定盈余公积”　　B.“提取任意盈余公积”

C. “应付股利”　　D. “未分配利润”

32. 以下项目中构成材料采购成本的有( )。

A. 买价　　B. 运杂费

C. 广告费　　D. 挑选整理费

E. 进口关税

33. 企业的期间费用包括 ( )。

A. 制造费用　　B. 销售费用

C. 管理费用　　D. 财务费用

E. 长期待摊费用

34. 企业产品的构成项目包括( )。

A. 生产成本　　B. 制造费用

C. 直接材料　　D. 直接人工

E. 间接费用

35. 以下账户中期末无余额的是( )。

A. 生产成本　　B. 制造费用

C. 本年利润　　D. 管理费用

E. 利润分配

36. 工业企业以下收入中应计入其他业务收入的有( )。

A. 销售产品　　B. 销售材料

C. 固定资产盘盈　　D. 固定资产出租收入

E. 处置固定资产净收益

37. 工业企业以下各项应计入营业外支出的是( )。

A. 罚款支出　　B. 固定资产盘亏

C. 公益性捐赠　　D. 租入固定资产租金

E. 非常损失

38. 下列费用不能全部计入当期损益的有( )。

A. 生产成本　　B. 制造费用

C. 销售费用　　D. 管理费用

E. 财务费用

39. 下列支出不得列入成本费用的是( )。

A. 支付给金融机构的手续费　　B. 支付给银行的借款利息

C. 偿还银行的长期借款本金　　D. 支付给投资者的利润
E. 支付给供应商的购货款

40. 年末下列账户中无余额的是(　　)。
A. 生产成本　　B. 应交税费
C. 制造费用　　D. 本年利润
E. 利润分配

41. 以下费用中应计入销售费用的是(　　)。
A. 广告费　　B. 销售机构人员工资
C. 销售机构人员差旅费　　D. 销售产品运杂费
E. 销售原材料成本

42. 以下费用中应计入财务费用的是(　　)。
A. 支付给金融机构的手续费　　B. 利息支出
C. 汇兑损益　　D. 财务人员工资
E. 财务部门办公费

43. 工业企业以下税金中应计入营业税金及附加的是(　　)。
A. 增值税　　B. 消费税
C. 所得税　　D. 城建税
E. 教育费附加

44. 计提固定资产折旧可能涉及的账户包括(　　)。
A. 固定资产　　B. 累计折旧
C. 制造费用　　D. 销售费用
E. 财务费用

45. 工业企业以下项目中应计入营业外收入的是(　　)。
A. 材料销售　　B. 固定资产出租
C. 确实无法支付的应付账款　　D. 接受捐赠
E. 固定资产处置利得

46. 关于实收资本，下列说法(　　)是正确的。
A. 实收资本就是所有者投资
B. 实收资本除法律、法规另有规定外，不得抽回
C. 企业生产经营中的收益不得直接增加资本金
D. 企业的实收资本应按实际投资数额入账

47. 企业购入材料，预付材料款时，可以(　　)账户。
A. 借记“预付账款”　　B. 借记“应付账款”
C. 贷记“应付账款”　　D. 借记“预收账款”

48. 下列项目中(　　)应计入“营业外收入”账户的贷方。

A. 无法支付的应付账款　　B. 固定资产盘盈

C. 转让无形资产的收入　　D. 销售材料的收入

49. “利润分配”账户一般应设置(　　)明细。

A. “提取盈余公积”　　B. “应付利润”

C. “未分配利润”　　D. “盈余公积”

50. 与“材料采购”账户的借方发生对应关系的账户一般有(　　)。

A. “银行存款”　　B. “预收账款”

C. “应付账款”　　D. “应付票据”

51. 下列(　　)不应计入材料采购成本而应列入管理费用支出的有(　　)。

A. 采购机构的经费　　B. 市内采购运杂费

C. 保险费　　D. 仓储费

52. “生产成本”账户的借方登记(　　)。

A. 直接材料　　B. 直接工资

C. 折旧费用　　D. 分配计入的制造费用

53. 企业核算期间费用的账户有(　　)。

A. “制造费用”　　B. “营业费用”

C. “财务费用”　　D. “管理费用”

54. 与产品销售收入相配比的成本、费用是指(　　)。

A. 管理费用　　B. 产品销售税金

C. 产品销售费用　　D. 产品销售成本

55. 制造费用包括以下内容(　　)。

A. 生产工人工资　　B. 产品销售广告费

C. 生产车间水电费　　D. 车间业务招待费

56. 材料采购成本包括(　　)。

A. 材料买价　　B. 采购人员差旅费

C. 采购费用　　D. 增值税进项税额

57. 用银行存款支付车间水电费及企业厂部管理用电费，该项业务涉及的科目有(　　)。

A. 生产成本　　B. 制造费用

C. 管理费用　　D. 银行存款

58. 企业实现的利润要按规定进行分配，即(　　)。

A. 以所得税形式上交国家　　B. 以盈余公积金形式留存企业

C. 以增值税形式上交国家　　D. 以利润形式分配给投资者

59. 为了核算利润分配和未分配利润的结存金额，“利润分配”账户一般设置(　　)等明细账户。

A. 提取盈余公积　　B. 未分配利润

C. 盈余公积补亏　　D. 应付股利（利润）

60. 企业日常活动取得的收入包括(　　)。

A. 销售商品取得的收入　　B. 提供劳务的收入

C. 他人使用本企业资产的收入　　D. 销售固定资产

61. 下列项目中，属于销售费用的有(　　)。

A. 利息支出　　B. 产品的广告费

C. 专设销售机构人员的工资　　D. 产品展览费

62. 期间费用包括(　　)。

A. 销售费用　　B. 制造费用

C. 财务费用　　D. 管理费用

63. 下列选项中，应通过“应付账款”账户核算的是(　　)。

A. 应缴纳税金　　B. 应付购入包装物款项

C. 应付存入保证金　　D. 应付接受劳务的款项

64. 下列支出中，属于营业外支出的有(　　)。

A. 捐赠支出　　B. 固定资产处置损失

C. 固定资产盘亏　　D. 非正常损失

(三) 判断题

1. “材料采购”账户用以核算企业库存的各种材料。(　　)

2. 原材料按实际成本计价核算时，不存在成本差异的计算和结转问题。(　　)

3. 为简化核算，对那些发票账单尚未到达的入库材料，月末可以暂时不进行会计处理，待收到发票账单时，再按实际价款进行会计处理。(　　)

4. 对于发票账单与材料同时到达的采购业务，企业在支付货款、材料验收入库后，应贷记“在途物资”账户。(　　)

5. 采用预付货款方式采购原材料的，在补付余款时，应计入“预付账款”的贷方。(　　)

6. 个别计价法便于逐笔结转发出存货成本，计算比较正确，且工作量较小，尤其适用于进货批次少，能分清发货批次的品种。(　　)

7. 计提固定资产折旧意味着费用增加，因此，应计入“累计折旧”账户的借方。(　　)

8. 按双倍余额递减法计提的折旧额在任何时期都大于按年限平均法计提的

折旧额。( )

9. 生产经营用固定资产发生的折旧费，属于间接费用，应计入“制造费用”账户。( )

10. 当月增加的固定资产，当月不计提折旧，当月减少的固定资产，当月仍计提折旧。固定资产提足折旧的不论是否继续使用，均不再提折旧，提前报废的固定资产也不再补提折旧。( )

11. 已达到预定可使用状态但在年度内尚未办理竣工资产，应按估计价值暂估入账，并计提折旧。( )

12. 已确认并转销的应收款项以后又收回的，应当按照实际收到的金额减少坏账准备的账面余额。( )

13. 企业如果预付账款的业务不多，可以把预付账款并入到应收账款核算。( )

14. 企业代购货单位垫付包装物、运杂费时，应借记“其他应收款”账户。( )

15. 企业应当根据职工提供服务的受益对象，确认应付职工薪酬。( )

16. 凡是包括在工资总额内的各种工资、奖金、津贴、补贴等，不论是否在当月支付，都应当通过“应付职工薪酬”账户核算。( )

17. 企业应交的各种税金都应当通过“应交税费”科目核算。( )

18. 增值税一般纳税企业销售货物时，如果定价时销售价格中含增值税，则应还原为不含税价格作为销售收入，并按不含税销售额计算销项税额。( )

19. 宇浩公司为增值税一般纳税人，因管理不善，毁损库存原材料一批。对于该批毁损材料的增值税进项税额 17 000 元，在进行账务处理时应贷记“应交税费——应交增值税（进项税转出）”账户。( )

20. 短期借款利息在预提或实际支付时均应通过“短期借款”账户核算。( )

21. “长期借款”账户的期末余额，表示企业尚未偿还的长期借款的本息。( )

22. 企业发生的所有借款利息都应作为财务费用处理。( )

23. 对于企业收到的投资方投入的实物资产，如果确认的资产价值超过其在注册资本中所占的份额，差额应作为资本溢价，计入盈余公积。( )

24. 实收资本代表一个企业的实力，是创办企业的“本钱”，它反映企业所有者投入企业的外部资金来源。( )

25. 在溢价发行股票的情况下，公司发行股票的溢价收入，直接冲减当期的财务费用。( )

26. “制造费用”属于成本类账户，期末结转至“库存商品”。(　　)

27. 会计人员将应计入制造费用的项目误记为管理费用项目，会影响本期完工产品成本计算的正确性。(　　)

28. 如果某产品月初月末均无在产品，则本月为生产该产品发生的全部生产费用就是该产品本月完工产品成本。(　　)

29. 企业根据制造费用的性质，合理选择分配方法，将制造费用分配计入各种产品成本，因此“制造费用”期末应无余额。(　　)

30. “生产成本”账户的期末贷方余额反映企业尚未加工完成的在产品成本。(　　)

31. 企业预付生产车间机器设备的修理费时，应计入“管理费用”账户的借方，同时，贷记“银行存款”账户。(　　)

32. 企业专设销售机构发生的费用，如人员薪酬、办公费、固定资产折旧、业务招待费等，均应计入销售费用。(　　)

33. 企业实现的利润或发生的亏损，都属于企业的财务成果。(　　)

34. 主营业务成本按主营业务的种类进行明细核算，期末，将主营业务成本转入本年利润科目，结转后本科目无余额。(　　)

35. 将应计入“管理费用”的项目误计入“营业外支出”项目，会影响利润表中营业利润项目计算的正确性，但是对利润总额的计算没有影响。(　　)

36. 企业所得税应计入营业税金及附加进行核算。(　　)

37. 盈余公积金是指按照国家有关规定从资本中提取的公积金。(　　)

38. 年度终了，只有在企业亏损的情况下，才应将“本年利润”科目的本年累计余额转入“利润分配——未分配利润”科目。(　　)

39. 企业年末结账后，“利润分配”账户的贷方余额表示本年实现的净利润。(　　)

40. 企业以盈余公积向投资者分配现金股利，不会引起留存收益总额的变动。(　　)

41. 某企业年初未分配利润200万元。本年实现净利润1 000万元，提取法定盈余公积150万元，提取任意盈余公积50万元，则该企业年末可供投资者分配的利润为1 000万元。(　　)

42. 企业用当年实现的利润弥补以前年度发生的亏损，不需要作专门的账务处理。(　　)

43. 企业提取盈余公积的主要目的是为了防范企业经营风险的需要。(　　)

44. 材料采购成本中的买价是指向购买方支付的采购账款。(　　)

45. 财务费用是一种期间费用，按月归集，月末全部转入“本年利润”账

户。( )

46. 由于损益类账户期末余额需全额转入“本年利润”账户，因此，损益类账户期末无余额。( )

47. 未分配利润等于“本年利润”账户的贷方余额减去“利润分配”账户的借方余额。( )

48. 增值税对企业的经营成本和损益核算没有影响。( )

49. “累计折旧”账户是固定资产的备抵账户，表示固定资产的累计损耗价值。( )

50. 企业预付下一年度保险费，应计入“管理费用”账户。( )

51. “本年利润”借方余额表示本年度累计实现净利润，贷方余额表示本年度累计发生净亏损。( )

52. “利润分配——未分配利润”账户的贷方余额表示本年度的未分配利润金额。( )

53. “累计折旧”属于资产类科目，因此累计折旧的增加计入“累计折旧”账户的借方。( )

54. 相对于本年度实现的利润，企业对未分配利润有较大的自主使用权。( )

55. 企业销售产品若开具了普通发票，会计核算时不需反映销售产品的销项税额。( )

56. 本期支付本期受益的费用，应在其支付时，直接作为当期费用处理。( )

57. 当期发生的产品生产成本不能直接计入当期损益，而应在产品实际销售并确认销售收入时，再将已销售产品的生产成本计入该期损益。( )

58. 企业按职工工资总额一定比例计提的工会经费及职工教育经费应计入管理费用。( )

59. 企业专设销售机构的固定资产修理费用应计入销售费用。( )

60. “生产成本”账户若有余额应在借方，反映期末自制半成品的实际生产成本。( )

61. 企业当年可供分配的利润包括当年实现的净利润和年初未分配利润。( )

62. 企业计提当年盈余公积的基数，不包括年初未分配利润。( )

63. 年度终了，“利润分配”账户所属的各明细账户中，除“未分配利润”明细账户可能有余额外，其他明细账户均无余额。( )

64. 得利与损失是与企业日常活动直接关联的经济利益总流入或总流出。( )

65. 营业外收入是企业发生的与其日常活动无直接关系的各项收入。(　　)

66. 营业外支出是企业发生的与其日常活动无直接关系的各项费用。(　　)

67. 采购材料所发生的运杂费，应单独计入“运杂费“账户。(　　)

68. “材料采购”账户如有借方余额表示款已付、尚未运达或已运达企业但尚未验收入库的在途材料的实际成本。(　　)

69. 企业收到供应单位提供的材料，冲销已预付的货款时，表明企业债权的减少。(　　)

70. 在实际工作中，采购人员的差旅费、市内采购材料的运杂费、专设采购机构的经费等列作管理费用支出。(　　)

71. 如果购进的原材料直接验收入库，可以不通过“物资采购”，直接借记“原材料”。(　　)

72. 不同的部门或因不同的用途领用的原材料，应计入不同的账户。(　　)

73. 每月支付的工资，应计入“工资”账户。(　　)

74. 固定资产计提的折旧，与“制造费用”“管理费用”对应的账户是“累计折旧”。(　　)

75. 期末“本年利润”账户在结转到“利润分配”账户前，余额一定在贷方，结转后无余额。(　　)

76. “应收账款”账户核算企业因销售产品或材料、提供劳务、职工借款等业务，应向购货单位或单位职工个人收取的款项。(　　)

77. 工业企业的利润总额等于产品销售利润与营业利润之和。(　　)

78. 劳动保险费应计入营业外支出。(　　)

79. “本年利润”账户核算的利润是所得税后的利润。(　　)

80. “本年利润”账户年末无余额。(　　)

81. “所得税费用”账户的借方反映按税前会计利润计算的所得税，贷方反映用于抵扣利润总额的所得税费用，期末余额一般在借方。(　　)

82. 企业转让无形资产使用权的收入应通过“营业外收入”账户核算。(　　)

83. 固定资产一般应按取得时的成本作为入账的价值，不包括应承担的借款利息以及应分摊的其他间接费用。(　　)

84. 短期借款是指企业向银行或其他金融机构等借入的期限在一年以下（含一年）的各种借款。(　　)

85. “营业税金及附加”账户属于损益类账户，用来核算企业经营活动发生的增值税、营业税、消费税、城市维护建设税、资源税和教育费附加等相关税费。(　　)

（四）分环节实训题

实训一（筹资环节）

【实训目的】掌握企业资金筹集业务的账务处理。

【情境资料】甲、乙、丙三公司共同投资组建亨达有限责任公司。按亨达有限责任公司的章程规定，注册资本为1 200万元，甲、乙、丙三方各占三分之一的股份。公司2010年10月至12月发生下列与筹资活动相关的经济业务。

1. 10月2日，收到甲公司投入的厂房一幢，该厂房原值600万元，已提折旧300万元，投资各方确认的价值为400万元（同公允价值）。

2. 10月4日，收到乙公司投入的价值300万元的新设备一套和价值100万元的一项专利权投资，其价值已被投资各方确认，并已向亨达有限责任公司移交了专利证书等有关凭证。

3. 10月9日，收到丙公司投入的400万元货币资金，已存入亨达有限责任公司的开户银行。

4. 10月10日，向银行借入期限为3个月的借款600 000元，年利率为6%，款项已存入银行。

5. 10月31日，预提短期借款利息3 000元。

6. 11月30日，预提短期借款利息3 000元。

7. 12月31日，企业用银行存款归还到期的短期借款600 000元及支付短期借款利息9 000元。

【实训要求】根据亨达有限责任公司发生的上述经济业务，编制有关会计分录。

实训二（供应环节）

【实训目的】掌握企业供应过程经济业务的账务处理。

【情境资料】亨达公司2010年10月发生以下部分经济业务：

1. 2日，购入不需要安装的机器设备一台，买价10 000元，增值税1 700元，包装费和运杂费200元，全部款项已用银行存款支付。

2. 4日，购入需要安装的机器设备一台，买价35 000元，增值税5 950元，包装费和运杂费1 000元，全部款项已用银行存款支付。在安装过程中，共发生安装费用2 000元，以银行存款支付。安装完毕，交付使用。

3. 6日，购入一批甲材料，买价50 000元，增值税8 500元，另发生运杂费400元，材料已入库，款项已用银行存款支付。

4. 8日，向北方公司购入一批乙材料6 000千克，单价10元，价款共计60 000元，增值税10 200元，价税款已由银行存款支付。

5. 8 日，向北方公司购入乙材料共发生运杂费 400 元，途中保险费 100 元，款项均以银行存款支付。

6. 10 日，向北方公司购入的乙材料已验收入库，按其实际采购成本入账。

7. 11 日，向蓝林公司购入一批丙材料，买价 150 000 元，增值税 25 500 元，另发生运杂费 1 000 元，材料已入库，款项未付。

8. 10 日，向宏达公司购入下列材料，货税款暂欠。

甲材料 1 000 千克单价 5 元	计 5 000 元	增值税 850 元
乙材料 2 000 千克单价 10 元	计 20 000 元	增值税 3 400 元
合计	25 000 元	4 250 元

9. 10 日，向宏达公司购入甲、乙两种材料共发生采购费用 300 元，已由银行存款支付（采购费用按外购材料的重量标准进行分摊）。

10. 15 日，上述甲、乙两种材料已验收入库，按其实际采购成本入账。

11. 20 日，向红星公司购入丙材料 1 000 千克，单价 14 元，共计 14 000 元。发生采购费用 300 元，增值税 2 380 元，款项尚未支付，且材料已验收入库。

12. 26 日，以银行存款偿还宏达公司货税款 29 250 元。

13. 30 日，以银行存款偿还红星公司余款 16 680 元。

【实训要求】根据亨达公司发生的上述经济业务，编制有关会计分录。

实训三（生产环节）

【实训目的】掌握企业生产过程经济业务的账务处理。

【情境资料】亨达公司 2010 年 11 月发生下列部分经济业务：

1. 9 日，仓库发出下列材料：

A 产品耗用甲材料 200 吨，单价 200 元，乙材料 50 吨，单价 20 元；B 产品耗用乙材料 10 吨，单价 20 元，丙材料 60 吨，单价 20 元；车间一般耗用乙材料 5 吨，单价 20 元；厂部耗用甲材料 1 吨，单价 200 元。

2. 10 日，用银行存款支付下年度保险费 6 000 元。

3. 11 日，用银行存款支付银行的手续费 300 元。

4. 12 日，用银行存款支付水电费 30 000 元，其中行政管理部门耗用 4 000 元，车间耗用 26 000 元。

5. 15 日，以库存现金预付采购员张岚差旅费 800 元。

6. 17 日，用现金 210 元支付办公用品费，其中行政管理部门 120 元，车间 90 元。

7. 18 日，采购员张岚出差归来报销差旅费 720 元。

8. 20 日，生产车间的生产设备发生机物料损耗 2 100 元，用银行存款支付。

9. 30 日，计提本月固定资产的折旧费 4 000 元，其中，生产车间固定资产应提折旧3 000元；行政管理部门固定资产应提折旧1 000元。

10. 30日，分配结转应由产品成本负担的工资费用。其中，生产A产品工人工资35 000元，生产B产品工人工资25 000元，车间管理人员工资13 000元，企业行政管理部门人员工资7 000元。

11. 30日，结转本月制造费用（制造费用以A、B产品生产工人工资比例为标准进行分配）。

12. 30日，本月投产的A产品600件，B产品200件均全部完工，结转本月已完I产品生产成本。A、B两种产品成本均无期初余额。

【实训要求】根据亨达公司发生的上述经济业务，编制有关会计分录。（要求设置有关的明细科目）

实训四（销售环节）

【实训目的】掌握销售过程经济业务的账务处理。

【情境资料】亨达公司2010年12月发生下列部分经济业务：

1. 10日，向南方公司销售A产品60件，每件售价400元，共计24 000元，增值税4 080元，货税款当即通过银行收回。

2. 24日，向北方公司销售A产品80件，每件售价400元，共计32 000元，增值税5 440元，产品已发出，款项尚未收到。

3. 25日，以银行存款支付产品展览费1 000元。

4. 30日，收到北方公司前欠款37 440元。

5. 31日，结转本月已销售A产品140件的实际成本（单位生产成本280元）。

6. 31日，计算本期应缴纳的城市维护建设税600元，应缴纳的教育费附加260元。

【实训要求】根据亨达公司发生的上述经济业务，编制有关会计分录。

实训五（分配环节）

【实训目的】掌握企业财务成果形成和分配经济业务的账务处理。

【情境资料】亨达公司为增值税一般纳税人，适用的增值税税率为17%，2010年1月至11月“本年利润”账户贷方余额为792 610元。12月份发生下列部分经济业务：

1. 10日，出售给悦达公司A产品500件，价款为200 000元，增值税为34 000元，B产品300件，价款为180 000元，增值税为30 600元，全部款项尚未收到。

2. 15日，出售一批多余的丙材料100千克，单价12元，价款共计1 200元，增值税204元，款项收到存入银行。

3. 18 日，以银行存款支付广告费 8 600 元。

4. 20 日，向希望工程捐款 30 000 元，用转账支票支付。

5. 31 日，摊销应由本月负担的保险费 500 元。

6. 31 日，结转本月产品销售成本 196 000 元（其中，A 产品成本为110 000 元，B 产品成本为 86 000 元）。

7. 31 日，结转本月 15 日售出丙材料的实际成本 1 000 元。

8. 31 日，计算本月应交营业税 18 000 元，应交城市维护建设税 11 000 元。

9. 31 日，将本月发生的所有损益类账户结转入“本年利润”账户。

10. 31 日，按 25% 税率计算并结转本月所得税。

11. 31 日，将本年实现的净利润转入“利润分配”账户。

12. 31 日，按本年税后利润的 10% 提取法定盈余公积金。

13. 31 日，经股东大会批准，本年度向投资者分配利润 580 000 元。

14. 31 日，年终结转利润分配明细账户余额。

【实训要求】根据亨达公司发生的上述经济业务，编制有关会计分录。

实训六（综合实训）

【实训目的】掌握企业主要经营过程的经济业务的账务处理。

【情境资料】悦达公司（增值税一般纳税人）2010 年 12 月份发生下列部分经济业务：

1. 向大光公司购进 A 材料 5 吨，货款 2 100 元，增值税税额 357 元，价税尚未支付。

2. 向建业公司购进 B 材料 10 吨，货款 12 000 元，增值税税额 2 040 元，价税以银行存款支付。

3. 向大同公司购进 C、D 材料，货款均为 4 000 元，增值税税额共计 1 360 元，以银行存款支付其中的 6 000 元，其余货款暂欠，材料验收入库。

4. 该公司以银行存款 5 817 元偿还大光公司和大同公司前欠款项。

5. 以银行存款支付上述 A、B 材料的运杂费共 690 元。要求按 A、B 两种材料的重量进行分摊。

6. 上述两种材料运达企业，按材料的实际成本入账。

7. 仓库发出 A、B 材料一批，其中生产甲产品耗用 A 材料 10 000 元，生产乙产品耗用 B 材料 15 000 元，车间和厂部分别耗用 A 材料 500 元。

8. 结转本月应付工资，其中甲产品生产工人工资 30 000 元，乙产品生产工人工资 20 000 元；车间和行政管理人员工资分别是 1 400 元和 1 800 元。

9. 从银行提取现金 53 200 元，并于本日发放工资。

10. 以现金支付管理部门办公费用 80 元。

11. 以银行存款支付下年度保险费 1 320 元，摊销应由本月负担的保险费 110 元。

12. 计提应由本月负担的短期借款利息 500 元。

13. 计提本月车间用固定资产折旧 2 500 元。

14. 结转本月制造费用（制造费用以 A、B 产品生产工人工资比例为标准进行分配）。

15. 期末产品完工验收入库，结转完工产品成本，其中甲产品 125 吨，乙产品 40 吨。

16. 出售甲产品 15 吨，单价 400 元/吨；出售乙产品 20 吨，单价 800 元/吨；增值税税率为 17%，价税款已收并存入银行。

17. 向光华厂出售甲产品 85 吨，单价 400 元/吨，增值税税率 17%，价税尚未收到。

18. 本期发生产品销售费用 4 600 元，以银行存款支付。

19. 以银行存款支付甲、乙产品广告费用 l 200 元。

20. 结转本月已销产品的实际成本，其中甲产品成本 25 600 元，乙产品成本 13 000 元。

21. 本月计算城市维护建设税 3 360 元。

22. 将本月所有损益类账户结转到“本年利润”账户。

23. 确定本月利润总额，计算并结转本月应交所得税费用。企业所得税税率为 25%。

24. 将本年实现的净利润转入“利润分配”账户中。（假设公司 1 ~ 11 月份的净利润为 16 000 元）

25. 根据本年净利润的 10% 提取法定盈余公积金，剩余利润的 50% 用于向投资者分配利润。

26. 将“利润分配”各明细账户结转入“利润分配——未分配利润”账户。

【实训要求】根据悦达公司发生的上述经济业务，编制有关会计分录，并计算公司的利润总额和净利润。

（五）会计分录题

1. 普通业务分录

（1）收到某投资人投入的资本金 150 000 元，按协议，60% 计入资本金。

（2）某季度末支付短期借款利息 18 000 元，前两个月已预提 12 000 元。

（3）从长虹公司购入 A 材料 100 千克，每千克单价 30 元；B 材料 50 千克，每千克单价 20 元，增值税 680 元，两种材料共发生运费 300 元，货款、增值税及运杂费尚未支付，材料验收入库。

（4）从长虹公司购入A材料100千克，每千克单价30元；B材料50千克，每千克单价20元，增值税680元，两种材料共发生运费300元，货款、增值税及运杂尚未支付，材料尚未运到。

（5）从长虹公司购入A材料100千克，每千克单价30元；B材料50千克，每千克单价20元，增值税680元，两种材料共发生运费300元，货款、增值税及运杂费以银行存款支付，材料验收入库。

（6）开出支票一张，从本市广元公司购入C材料40千克，每千克单价50元，增值税税率17%，买价及增值税2 340元，料已入库。

（7）收到盛龙公司发来的C材料40千克及增值税发票，其中C材料的价款为2 000元，代垫运费100元，增值税340元，材料已验收入库。

（8）从京昌公司购入B材料120千克，每千克单价20元，运杂费400元，增值税408元，企业开出并承兑期限为4个月的商业承兑汇票一张，但材料尚未到达企业。

（9）租入厂房一间，预付三个月的租金4 500元，本月负担1 500元。

（10）向龙成公司销售甲产品30件，每件售价100元，代垫运费160元，增值税510元，款尚未收到。

（11）向东兴公司销售乙产品一批计50件，每件售价80元，增值税680元，收到支票一张存入银行。

（12）发出甲产品15件给海深公司，每件售价100元，增值税255元，代垫运费480元，余款退回海深公司。

（13）向黄海公司销售乙产品100件，每件80元，增值税1 360元，收到黄海公司签发的6个月的商业承兑汇票一张，面值9 360元。

（14）向甲公司采购B材料250千克，单价40元，价款10 000元，增值税进项税额1 700元，尚未支付，材料尚未收到。

（15）结转本月销售的甲乙两种产品的成本，甲产品的单位成本70元，乙产品的单位成本55元。

（16）收到龙成公司甲产品的货款，增值税及运费3 670元。

（17）向丙公司采购A材料400千克，单价20元，价款8 000元，增值税进项税额1 360元，尚未支付，材料已经验收入库。

（18）领用A材料750千克，单价20元，共计15 000元，其中用于产品生产12 000元，用于企业管理3 000元。

（19）向丙公司采购B材料250千克，单价40元，价款10 000元，增值税进项税额1 700元，尚未支付，材料未收到。

（20）向乙公司采购A材料250千克，单价20元，价款5 000元，增值税进项税额850元，尚未支付，材料已经验收入库。结转A材料的采购成本。

（21）领用B材料525千克，单价40元，共计21 000元，其中用于产品生产19 000元，用于企业管理2 000元。

（22）短缺机器一台，原价6 000元，已提折旧2 400元。

（23）甲材料账面余额300千克，单价20元/千克，实地盘点数为292千克。乙材料账面余额450千克，单价15元/千克，实地盘点数为460千克。

（24）之前盘亏的8千克甲材料（每千克单价20元），经查系供应方发料时计量差异，领导批准冲销管理费用。

（25）之前盘盈的10千克乙材料（每千克单价15元），经查系正常损耗，经批准，列作管理费用。

（26）盘盈机器一台，重置价值为9 700元，八成新，经批准作为营业外收入处理。

（27）盘亏机器一台，账面原价为65 000元，已提折旧4 000元，经批准作为营业外支出处理。

（28）月末，将“本年利润”账户的贷方余额50 000元，结转入“利润分配”账户。

2. 复杂业务会计分录

（1）3月末，用银行存款支付本季短期借款利息计150 000元，一二月月末已预提100 000元。

（2）收到张强投资款150 000元，按协议，其中100 000元计作资本金，另5万元按资本溢价处理。

（3）本月制造费用总额为100 000元，各种产品的生产工人工时分别是：甲产品600，乙产品400，丙产品200。结转本月制造费用。

（4）假定本月甲乙丙三种产品全部完工，各种产品生产成本分别是：甲产品70 000元，乙产品50 000元，丙产品40 000元。结转本月完工产品成本。

（5）向M公司购进A材料1 000千克，单价20元，B材料2 000千克，单价30元，共发生运杂费600元（由供货方垫支），增值税税率17%，材料已验收入库。之前已向M公司预付款项5 000元，其余款项用银行存款支付，运杂费按重量比例分配。

（6）向K公司销售甲产品2 000千克，每千克售价60元，增值税税率17%，材料已发出。之前收到K公司预付款项5 000元，其余款项暂未收到。

（7）本月销售甲产品1 000件，每件生产成本100元，销售乙产品2 000件，每件生产成本200元。结转甲乙两种产品的销售成本。

(8) 本月生产车间领用材料及用途汇总如下表：

项　目	A 材料	B 材料	C 材料	合计
生产产品耗用	50 000	40 000	10 000	100 000
甲产品	35 000	12 000	4 000	51 000
乙产品	15 000	28 000	6 000	49 000
车间一般耗用	700		200	900
合计	50 700	40 000	10 200	100 900

编制本月领用材料的会计分录。

(9) 计算出本月应付职工工资 64 000 元：生产工人工资 54 000 元（甲、乙产品工资按工时分配，甲产品 600 小时，乙产品 400 小时），车间管理人员工资 10 000 元。

(10) 本月各类人员工资总额分别是：生产工人 100 000 元（甲产品 60 000 元，乙产品 40 000 元），车间管理人员 20 000 元，企业管理人员 20 000 元，销售人员 10 000 元，按应付工资总额的 14% 计提本月的职工福利费。

(11) 某企业某年 12 月份的损益类账户期末余额如下：

账户名称	借方余额	贷方余额
产品销售收入		194 250
营业外收入		2 500
产品销售成本	6 799. 32	
产品销售费用	380	
产品销售税金	770	
管理费用	2 818	
财务费用	200	
营业外支出	1 200	
所得税	7 716. 9	

结转“本年利润”的两笔会计分录。

(12) 本月应计提公积金 2 000 元，公益金 1400 元，应付给投资者利润 4 000元。

(13) 甲材料账面余额为 4 800 千克，单价每千克 5 元，共计 24 000 元。实存数为 4 790 千克，盘亏 10 千克，经查材料定额内损耗，批准后转，计入企业管理费用。编制审批前与审批后的会计分录。

(14) 乙材料账面余额为 6 500 千克，单价每千克 6 元，共计 3 900 元，实存数为 6 590 千克，盘盈 90 千克，经查系材料收发过程中计量误差所致，经批准后冲减管理费用。编制审批前与审批后的会计分录。

（15）丙材料账面余额为 398 千克，单价每千克 45 元，共计 17 910 元，实存数为 380 千克，盘亏 18 千克，经查是由于暴风雨袭击仓库所致，批准后作为营业外支出处理。编制审批前与审批后的会计分录。

（16）丁材料账面余额 365 千克，单价 16 元，实存数为 360 千克，盘亏 5 千克，经查系保管人员责任心不强造成的损失，经批准责令其赔款，赔款尚未收到。编制审批前与审批后的会计分录。

（17）短缺机器一台，原价 6 000 元，已提折旧 2 400 元。经批准，短缺的机器列营业外支出。编制审批前与审批后的会计分录。

（六）综合实训题

1. 2013 年 6 月 17 日，A 公司出售一栋厂房，厂房原价 9 500 000 元，已提折旧 5 500 000 元。出售所得收入 6 600 000 元已存入银行，以银行存款支付清理费用 40 000 元，厂房清理完毕，营业税税率为 5%。

要求：

（1）根据资料编制固定资产转入清理的会计分录。

（2）根据资料编制支付清理费用的会计分录。

（3）根据资料编制计提营业税的会计分录。

（4）根据资料编制取得变价收入的会计分录。

（5）根据资料编制结转损益的会计分录。

2. 资料一：假定 A，B，C 三公司共同投资组成 ABC 有限责任公司。按 ABC 有限公司的章程规定，注册资本为 900 万元，A，B，C 三方各占三分之一的股份。假定 A 公司以厂房投资，该厂房原值 500 万元，已提折旧 300 万元，投资各方确认的价值为 300 万元（同公允价值）；B 公司以价值 200 万元的新设备一套和价值 100 万元的一项专利权投资，其价值已被投资各方确认，并已向 ABC 公司移交了专利证书等有关凭证；C 公司以货币资金 300 万元投资，已存入 ABC 公司的开户银行。

资料二：假定 D 公司和 E 公司有意投资 ABC 公司，经与 A，B，C 三公司协商，将 ABC 公司变更为 ABCDE 公司，注册资本增加到 1 500 万元，A，B，C，D，E 五方各占五分之一股权。D 公司需以货币资金出资 400 万元，以取得 20% 的股份；E 公司以价值 400 万元的一项土地使用权出资，其价值已被投资各方确认，取得 20% 的股份。协议签订后，修改了原公司章程，有关出资及变更登记手续办理完毕。

要求：

（1）根据资料一，就 ABC 公司实际收到 A 公司投资时编制有关会计分录。

（2）根据资料一，就 ABC 公司实际收到 B 公司投资时编制有关分计分录。

（3）根据资料一，就 ABC 公司实际收到 C 公司投资时编制有关会计分录。

（4）根据资料二，编制实际收到 D 公司投资时的会计分录。

（5）根据资料二，编制实际收到 E 公司投资时的会计分录。

3. 嘉兴公司对原材料实行月末一次加权平均法进行核算，2013 年 5 月底结存甲材料数量、单价和金额见账面结存。2013 年 6 月发生以下进出业务：

（1）6 月 5 日，甲车间生产领用 100 件。

（2）6 月 8 日，购入 200 件，单价 60 元/件。

（3）6 月 16 日，乙车间生产领用 180 件。

（4）6 月 22 日，公司修理领用 30 件。

（5）6 月 25 日，购入 150 件，单价 61 元/件。

甲材料明细账　　　　单位：元

2012 年		摘要	收入			发出			结存		
月	日		数量	单价	金额	数量	单价	金额	数量	单价	金额
6	1	期初余额							300	62	18 600
6	5	领用				100			200		
6	8	购入	200	60	12 000				400		
6	16	领用				180			220		
6	22	领用				30			190		
6	25	购入	150	61	9 150				340		
6	30	本月发生额及余额	350		⑤	310		④		②	③

要求：根据上述资料在合适的空格填写正确数字。

4. 甲公司为增值税一般纳税人，适用的增值税税率为 17%，商品、原材料售价中均不含增值税。假定销售商品、原材料均符合收入确认条件，其成本在确认收入时逐笔结转，不考虑其他因素。2013 年 4 月，甲公司发生如下交易或事项：

（1）销售商品一批，开具的增值税专用发票上注明的售价为 200 万元，增值税税额为 34 万元。商品已发出，款项尚未收回。该批商品实际成本为 150 万元。

（2）销售一批原材料，开具的增值税专用发票上注明的售价为 80 万元，增值税税额为 13.6 万元。材料已发出，款项收到并存入银行。该批材料的实际成本为 59 万元。

（3）将使用过的生产设备出售给乙公司，开具的增值税专用发票上注明的价款为 20 万元，增值税税额为 3.4 万元，已通过银行收回价款。该设备原价 30 万元，已计提累计折旧 8 万元。

（4）提供劳务取得劳务收入 10 万元，同时结转劳务成本 7 万元，相关款项已存入银行。

（5）以银行存款支付管理费用 20 万元，财务费用 10 万元，营业外支出 5 万元。

要求：

逐笔编制甲公司上述交易或事项的会计分录（答案中的金额单位用万元表示）。

5. 华龙公司系增值税一般纳税人，适用的增值税税率为 17%。2014 年 8 月份发生的部分经济业务如下：

（1）“发料凭证汇总表”显示，当月生产车间共领用材料 198 000 元用于产品生产，车间管理部分领用材料 3 000 元，公司行政管理部门领用材料 2 000 元。

（2）“工资结算汇总表”显示，本月应付生产工人薪酬为 114 000 元，应付车间管理人员薪酬为 17 100 元，应付行政管理人员薪酬为 22 800 元。

（3）本月计提固定资产折旧 5 000 元（其中，生产车间用固定资产计提折旧 4 000 元，行政管理部门用固定资产计提折旧 1 000 元）

（4）向 A 公司销售商品一批，增值税专用发票上注明销售价格为 200 000 元，增值税税额为 34 000 元，提货单和增值税专用发票已交 A 公司，A 公司已承诺付款。该批商品的实际成本为 140 000 元。

（5）将丙产品 15 台作为福利分配给公司行政管理人员，丙产品每台产品成本为 140 元，市场售价每台 200 元（不含增值税）。

要求：编制上述业务相关的会计分录。

6. 企业某月发生如下经济业务：

（1）以银行存款偿付到期的三年期借款 4 000 000 元。

（2）以银行存款缴纳增值税 2 400 元，所得税 6 000 元。

（3）安通实业公司以商标权投资，作价 200 000 元。

（4）以银行存款偿付前欠账款 58 500 元。

（5）从银行借入六个月期限贷款1 000 000元。

（6）将盈余公积600 000元转为资本金。

（7）收到长发投资公司投入资本金100 000元，存入银行。

（8）职工李家预借差旅费2 000元，以现金支付。

（9）以银行存款支付分配给投资者的利润200 000元，其中安通公司80 000元，长发投资公司120 000元。

（10）长发投资公司以机器设备一台投资，账面原值400 000元，已提折旧80 000元，协议作价350 000元。

（11）收到利达公司交来的借用包装物押金3 000元，存入银行。

（12）以银行存款支付到期的商业汇票款1 170 000元。

要求：编制以上经济业务的会计分录。

7. 企业某月发生如下经济业务：

（1）从利达公司购入甲材料1 000千克，增值税专用发票上注明的单价20元，价款20 000元，增值税税额3 400元，款项以银行存款支付。

（2）上述甲材料运至企业，用现金支付挑选整理费400元，材料已验收入库。

（3）从天安电子厂购入甲材料4 000千克，增值税专用发票上注明单价18元，价款72 000元，增值税税额12 240元，乙材料6 000千克，单价50元，价款300 000元，增值税税额51 000元，货款以银行承兑汇票支付。

（4）以银行存款支付上述甲、乙材料运费4 800元，用现金支付装卸费200元。上述甲、乙材料运到企业，甲材料进行挑选整理，乙材料验收入库。

（5）向永昌贸易公司购买丙材料5 000千克，增值税专用发票上注明的单价10元，价款50 000元，增值税税额8 500元，永昌贸易代垫了1 000元运费，账款尚未支付，材料尚在途中。

（6）上述签发给天安电子厂的商业汇票到期，以银行存款支付票款。

（7）以银行存款支付前欠永昌贸易公司货款。

（8）以银行存款购入不需安装的机器设备一台，取得的增值税专用发票中注明价款300 000元，增值税51 000元。

（9）月末，结转入库材料的实际采购成本。

要求：编制以上经济业务的会计分录。

8. 企业某月发生以下经济业务：

（1）结算本月职工工资80 000元，其中A产品生产人员工资20 000元，B产品生产人员工资10 000元，车间管理人员工资10 000元，销售人员工资15 000元，行政管理人员工资25 000元。

（2）按本月员工工资总额的16%计提社会保险费。

（3）按本月员工工资总额的2%计提职工福利费。

（4）计提本月固定资产折旧费8 400元，其中车间固定资产折旧费5 000元，销售部门固定资产折旧费1 400元，管理部门固定资产折旧费2 000元。

（5）以银行存款支付车间房屋修理费1 200元。

（6）以现金支付企管部机动车修理费400元。

（7）以银行存款支付下年度报纸杂志费3 600元。

（8）以银行存款支付产品广告费1 500元。

（9）租入行政管理用房一套，租期3年，每月租金3 000元按月支付，以银行存款支付房屋装修费360 000元。

（10）计提本月应负担的短期借款利息2 000元，该项利息费用不符合资本化条件。

（11）以银行存款支付销售产品过程中发生的运输费600元，以现金支付包装费100元。

（12）以银行存款支付电费2 400元，其中车间用1 600元，销售部门用300元，行政管理部门用500元。

（13）销售人员李家报差旅费2 500元，原预支2 000元，不足部分补付现金。

（14）以银行存款支付本月租入行政办公用房房租3 000元。

（15）以银行存款支付本季短期借款利息6 000元。

（16）摊销本月报纸杂志费750元，其中生产车间负担500元，销售机构负担100元，行政管理部门负担150元。

（17）摊销本月负担租入办公用房装修费10 000元。

要求：编制以上经济业务的会计分录

9. 企业某月初“生产成本——A产品”账户期初余额为10 000元，本月发生以下业务：

（1）以银行存款支付生产车间电费2 000元。

（2）车间购买零星办公用品480元，以现金支付。

（3）生产车间从仓库领用如下材料：用于生产A产品甲材料150千克，乙材料100千克。用于生产B产品甲材料120千克，乙材料80千克。用于车间共同耗用的甲材料30千克。甲材料单价50元/千克，乙材料单价80元/千克。

（4）结算本月应付工资，按用途归集如下：

A产品生产工人工资　　　8 000元

B产品生产工人工资　　　4 000元

车间职工工资　　　　　2 000 元
销售人员工资　　　　　3 000 元
管理部门职工工资　　　3 000 元

（5）按规定根据职工工资总额 16% 计提社会保险费。

（6）计提本月固定资产折旧，车间使用的固定资产折旧 6 000 元，管理部门使用的固定资产折旧 3 000 元。

（7）摊销应由生产车间负担的租入机器设备改良支出 2 700 元。

（8）根据生产工人工资比例分配并结转本月制造费用。

（9）本月生产 A 产品 100 件已完工并验收入库，结转其实际生产成本。

要求：编制以上经济业务的会计分录。

10. 企业某月初“生产成本——A 产品”500 件，账面余额为 12 500 元，其中直接材料 8 000 元、直接人工 2 000 元、制造费用 2 500 元。本月又有 400 件 B 产品投入生产，并发生以下经济业务：

（1）以现金支付生产车间零星办公用品费 500 元。

（2）以现金支付职工李家生活困难补助 5 000 元。

（3）委托银行代发工资 15 400 元。

（4）以银行存款支付生产用固定资产修理费 1 200 元。

（5）用银行存款支付本月水费 2 000 元，其中生产车间应负担 1 500 元，行政管理部门负担 500 元。

（6）行政管理部王力报销差旅费 3 400 元，原预借 5 000 元，余款交回现金。

（7）以银行存款支付本季度短期借款利息 6 000 元。

（8）仓库本月共发出甲材料 20 000 元，其中用于生产 A 产品 10 000 元，用于生产 B 产品 5 000 元，生产车间一般耗用 3 000 元，销售部门领用 2 000 元。发出乙材料 10 000 元，其中用于生产 A 产品 2 000 元，用于生产 B 产品 5 000 元，生产车间一般耗用 2 500 元，企业行政管理部门耗用 500 元。

（9）计算本月应付职工工资 15 200 元，其中：A 产品生产工人 2 人，工资 2 000 元，B 产品生产工人 2 人，工资 3 000 元，生产车间技术管理人员 1 人，工资 4 000 元，销售人员 1 人，工资 2 000 元，企业行政管理人员 1 人，工资 4 200元。

（10）按职工工资总额的 16% 计提职工社会保险费。

（11）按职工人数每人补贴企业下设内部食堂 200 元。

（12）计提本月固定资产折旧 8 460 元，其中生产用固定资产折旧 5 460 元，行政管理部门用固定资产折旧 3 000 元。

（13）摊销本月应负担的报纸杂志费 600 元，其中生产车间负担 200 元，企业行政管理部门负担 400 元。

（14）计提应由本月负担的短期借款利息 2 000 元。

（15）按 A、B 两种产品的机器工时比例分配并结转本月制造费用，根据生产车间工时记录，本月 A 产品机器工时为 2 000 小时，B 产品机器工时为 3 000 小时。

（16）上月投入生产的 500 件 A 产品已全部完工入库，本月投入的 400 件 B 产品尚未完工，计算并结转完工产品的实际生产成本。

要求：编制以上经济业务的会计分录。

11. 企业某月发生如下经济业务：

（1）向甲工厂出售 A 产品 500 件，开具的增值税专用发票上每件售价 60 元，增值税税率 17%，货款已收到，存入银行。

（2）向乙公司出售 B 产品 300 件，开具的增值税专用发票上每件售价 150 元，增值税税率 17%，货款尚未收到。

（3）以银行存款支付上述 A、B 两种产品在销售过程中的运输费 800 元，包装费 200 元。

（4）结算本月销售机构人员工资 1 000 元，并按工资总额的 9% 和 7% 比例分别计提职工养老保险费和医疗保险费。

（5）按 10% 税率计提 B 产品的消费税。

（6）向丙工厂出售材料物资 100 千克，单价 12 元，增值税税率 17%，货款 1 404 元已收存银行。

（7）结转本期销售产品的实际生产成本（A 产品每件 45 元，B 产品每件 115 元）。

（8）结转本期销售材料的实际采购成本（每千克 10 元）。

12. 企业某月发生如下经济业务：

（1）销售给甲公司 A 产品 200 件，开具增值税专用发票上单价 200 元，价款 40 000 元，增值税 6 800 元，收到甲单位签发的商业汇票一张。

（2）销售给乙单位 B 产品 200 件，开具增值税专用发票上单价 70 元，价款 14 000 元，增值税 2 380 元，以银行存款代垫运费 2 500 元，款项尚未收到。

（3）以银行存款支付本月广告费 7 000 元。

（4）销售给丙单位 A 产品 100 件，开具普通发票上单价 234 元，价款 23 400元，B 产品 50 件，单价 81.9 元，价款 4 095 元，款项收存银行。

（5）以银行存款支付上述销售给丙单位的产品运杂费 2 000 元。

（6）用银行存款支付销售部门办公费 2 500 元。

（7）乙单位偿还前欠账款，已收妥存入银行。

（8）向丁单位销售原材料一批，开出增值税专用发票中注明价款 2 000 元，增值税 340 元，款项已收妥存入银行。

（9）本企业 A 产品适用 10% 的消费税，月末按本月 A 产品销售收入计算应交消费税。

（10）分别按 7% 和 3% 的比例计提本月城建税和教育费附加。（经查本月“应交税费——应交增值税”账户中可抵扣的进项税额为 3 100 元）

（11）结转销售原材料的实际成本 1 000 元。

（12）结转本月销售产品的实际生产成本（A 产品每件生产成本为 150 元，B 产品每件生产成本为 50 元）。

要求：编制以上经济业务的会计分录。

13. 企业某月发生如下经济业务：

（1）销售产品一批，开出普通发票，价款 1 170 000 元，货款已收存银行。

（2）购入甲材料一批，取得增值税专用发票中价款 200 000 元，增值税 34 000元，代垫运费 1 000 元，货款以银行存款支付，材料运至企业并验收入库。

（3）向银行借入六个月期借款 100 000 元，期限 6 个月，月息 1.5%，按季付息。

（4）以银行存款支付到期商业汇票 936 000 元。

（5）收到宏达公司偿还前欠账款 351 000 元。

（6）职工王力出差预借差旅费 5 000 元，以现金支付。

（7）以银行存款支付行政办公用房房租 25 500 元，销售机构房租 3 700 元。

（8）销售材料一批，开具普通销售发票，价款 5 850 元，款项已收存银行。

（9）以现金支付给职工王磊生活困难补助 2 500 元。

（10）以现金 2 000 元捐助困难儿童学费。

（11）对违章职工罚款 200 元，收到现金。

（12）计提本月短期借款利息 1 500 元，该借款利息不符合资本化条件。

（13）摊销本期应负担的租入行政办公用房屋装修费 4 500 元。

（14）结转本月入库材料的实际采购成本。

（15）结转本月销售产品的实际生产成本 855 000 元。

（16）结转本月销售材料的实际采购成本 4 000 元。

（17）计提本月销售产品应交消费税 9 000 元。

（18）将本月各损益类账户的余额转入“本年利润”。

（19）按 25% 的税率计算并结转本月所得税。

（20）按本月净利润10%提取法定盈余公积。

（21）将本月净利润的50%分配给投资者。

要求：编制以上经济业务的会计分录。

14. 企业某月发生如下经济业务：

（1）以银行存款支付分配给投资者利润20 000元。

（2）以现金支付行政管理部门机动车修理费380元。

（3）以银行存款支付本月产品广告费4 000元。

（4）向胜利厂购入甲材料30千克，单价500元/千克，乙材料20千克，单价100元/千克，增值税税率17%，取得增值税专用发票，账款尚未支付。

（5）以银行存款2 100元捐赠给希望工程。

（6）销售给江陵百货A产品400件，开具增值税专用发票，单价250元/千克，增值税税率17%，以银行存款支付代垫运费2 000元，收到商业汇票一张。

（7）以银行存款购买生产车间零星办公用品1 000元。

（8）车间技术人员参加生产工艺交流会，报销差旅费2 360元，原预借2 500元，余款交回现金。

（9）以银行存款偿付前欠胜利厂账款。

（10）以银行存款支付前向胜利厂购入甲、乙材料运费2 000元，材料已运至企业，甲验收入库，乙材料挑选整理。

（11）销售甲材料一批，开具增值税专用发票，价款4 000元，增值税税率17%，款项收存银行。

（12）以银行存款36 000元支付本年度长期借款利息。

（13）以银行存款支付电费5 000元，其中生产车间负担4 000元，销售机构负担400元，行政管理部门负担600元。

（14）以银行存款支付违章排污罚款2 260元。

（15）接受捐赠设备一台，价值15 000元。

（16）结转本月入库材料实际采购成本。

（17）本月发出甲材料共计10 000元，其中用于A产品生产5 000元，车间一般耗用3 000元，对外销售2 000元，发出乙材料20 000元，其中用于A产品生产5 000元，B产品生产14 000元，行政部门耗用600元，销售机构耗用400元。

（18）计算本月应付工资如下：A产品生产工人工资8 000元，B产品生产工人工资2 000元，车间管理人员工资4 000元，行政管理人员工资6 000元，销售人员工资5 000元。

（19）按工资总额的16%计提职工社会保险费。

（20）计提本月固定资产折旧，其中生产用固定资产折旧 5 000 元，行政管理用固定资产折旧 3 000 元，销售部门用固定资产折旧 2 000 元。

（21）计提本期长期借款利息 3 000 元。

（22）摊销本期应由行政管理部门负担的报刊费 500 元。

（23）按生产工人工资比例分配并结转本月制造费用。

（24）已知"生产成本——B 产品"账户期初余额为 5 000 元，本月 B 产品全部完工并验收入库，结转 B 产品的实际生产成本。

（25）结转本月销售 A 产品的实际生产成本（每件 150 元）。

（26）按 5% 的消费税率计算本月销售 A 产品应负担的消费税。

（27）结转本月损益类账户的余额，计算本月利润总额。

（28）按 25% 的所得税税率计提并结转本月所得税。

（29）按本月净利润的 10% 计提法定盈余公积。

（30）向投资者分配利润 50 000 元。

要求：编制以上经济业务的会计分录。

15. 企业 × 年 12 月 31 日结账前有关账户的余额如下：

1）"本年利润"账户贷方余额为 50 000 元；

2）"利润分配"账户贷方余额为 75 000 元，其所属"未分配利润"明细账户的贷方余额为 75 000 元，其他明细账户无余额。

3）损益类账户余额为：

账户名称	借方余额	贷方余额
主营业务收入		800 000
其他业务收入		6 000
营业外收入		15 000
主营业务成本	600 000	
其他业务成本	5 000	
营业税金及附加	30 000	
销售费用	35 000	
管理费用	86 000	
财务费用	3 300	
营业外支出	1 700	

要求：编制以下经济业务的会计分录：

（1）将损益类账户的余额结转到"本年利润"账户，计算本期利润总额。

（2）根据利润总额计算并结转本期应交所得税，企业适用的所得税税率为 25%。

（3）按本年税后利润的10%计提法定盈余公积。

（4）将剩余可分配利润的60%分配给投资者。

（5）将“本年利润”的余额结转入“利润分配”账户。

（6）将“利润分配”所属的其他明细分类账户余额结转入“利润分配——未分配利润”账户。

16. 已知企业某年12月月初“生产成本——A产品”600件，账面余额为5 000元，B产品无期初在产品，“本年利润”账户贷方余额为100 000元，“利润分配”除所属“未分配利润”明细账户贷方余额为40 000元外，其他明细账户无余额。

该企业12月份发生如下经济业务：

（1）向力丰经贸公司购买甲材料1 000千克，增值税专用发票中单价19元/千克，计19 000元，增值税3 230元，乙材料500千克，单价14元/千克，计7 000元，增值税1 190元，账款暂欠。

（2）从银行借入三年期借款1 000 000元，利率6%，按年付息，到期还本。

（3）以银行存款偿付前欠力丰经贸公司账款30 420元。

（4）销售甲材料300千克，开具增值税专用发票，价款8 000元，增值税1 360元，账款收存银行。

（5）以现金支付生产车间零星办公用品费用400元。

（6）以银行存款26 000元发放工资。

（7）销售给旺达公司B产品500件，开具增值税专用发票，单价160元，计80 000元，增值税13 600元，收到商业汇票一张。

（8）以银行存款支付内部食堂职工伙食补助2 000元。

（9）前日购买的甲、乙材料运至企业，以银行存款支付运输费1 500元。甲材料验收入库，乙材料仍挑选整理。

（10）以银行存款支付本月产品广告费5 000元。

（11）接受阳光股份公司投入的一项固定资产，原值140 000元，协议作价100 000元。

（12）接银行付款通知，付本月水费4 100元，其中生产车间负担3 000元，行政管理部门负担1 100元。

（13）行政管理部门李莉报销差旅费4 546元，原预借5 000元，余款交回现金。

（14）仓库本月共发出甲材料19 200元，其中A产品生产耗用7 700元，用于生产B产品1 500元，车间共同耗用4 000元，对外销售6 000元。发出乙材料7 500元，其中A产品耗用4 300，B产品耗用3 000元，企业行政管理部门耗用200元。

（15）计提长期借款利息5 000元，该利息不符合资本化条件。

（16）计提本月固定资产折旧5 000元，其中车间负担4 000元，行政管理部门负担1 000元。

（17）分配结转本月职工工资28 000元，其中，生产A产品生产工人工资7 000元，生产B产品生产工人工资3 000元，车间管理人员工资6 000元，厂部管理人员工资8 000元，销售人员工资4 000元。

（18）本企业B产品适用于5%消费税，计提本月销售B产品应交消费税。

（19）分别按7%和3%比例计提本月应交城建税及教育费附加。

（20）结转本月入库材料的采购成本。

（21）根据A、B产品的生产工时比例分配本月发生的制造费用，已知A产品生产工时为3 000小时，B产品生产工时为1 000小时。

（22）上月投产的A产品600件完工入库，计算并结转其实际生产成本，本月投入生产的B产品尚未完成加工过程。

（23）结转本月销售B产品500件的实际生产成本（B产品单位成本80元）。

（24）将各损益类账户余额结转入“本年利润”。

（25）按25%的税率计算并结转本月所得税。

（26）按本年税后利润的10%计提法定盈余公积。

（27）向投资者分配利润50 000元。

（28）结转“本年利润”及“利润分配”所属各明细分类账户。

第三部分 案例分析与讨论

1. 小王大学学的是工科，毕业后回到县城开了一家小商店，经营油盐酱醋等小商品。小王家日常生活中需要的啤酒、油盐酱醋等商品就直接从商店里拿，从来不记账，因为他觉得都是自己家的东西，也没有与他人发生交易，用不着记账。可是，税务稽查人员在检查中却指出他有偷税嫌疑，小王觉得很委屈。你认为税务稽查人员的说法有道理吗？

2. 某工业公司打算兴建一条新的生产线，以便与同行业中的外商竞争。罗先生负责审核不同方式下建立的新产品生产线。罗先生组织人员对每项机器和设备的取得与安装成本、维修成本、备用零件成本、营运所需人工、水电成本、机器操作员潜在的危险以及训练工人操作机器的困难度等问题做了详尽的考虑。

除了上述研究外，罗先生的部下还制作了完整的书面分析材料，列示各方案的优缺点，包括方案的总成本和不同生产方案下估计的单位成本。罗先生将其中三个最佳方案详细分析后，送交他的主管陈先生。由陈先生研读后，对最高管理层提出建议。罗先生选出的三个方案的情况如下：

方案 A 的成本最低，但员工受伤害的概率最高，且可能引起环境受损。

方案 B 的成本较高，但减低了员工受损伤的风险。

方案 C 的成本最高，但对员工和环境是最安全的。

陈先生很赞赏罗先生及其部下的工作，并允诺将给予良好的考绩。数日后，罗先生正好看到陈先生将要报送最高管理层的报告复印件，罗先生发现陈先生删除了各方案的许多缺点，而仅提出三者成本的比较分析，其建议的方案为 A。

罗先生如今面临两难，他是否应假装未看到陈先生的报告，还是应冒着得罪陈先生的风险与之讨论这个问题，或者他越级与更高层的人员接触？这属于罗先生的问题吗？毕竟他不是唯一的决策者，他已完成了他分内的工作。如果真有意外发生或环境受损，罗先生会受到谴责吗？

请分析：

（1）罗先生应如何处理这件事情？除了以上提到的处理方式，他还可以采取什么行动？

（2）该案例反映了现行会计流程对企业生产费用的核算而言有什么样的缺点？（资料来源：赵德武．会计学原理［M］．大连：东北财经大学出版社，2003）

第四部分 拓展训练

1. 企业“应交税费——应交增值税”账户的借方和贷方分别核算哪些内容？
2. 利用学习资源查阅企业职工薪酬的内容。

第六章　会计凭证

第一部分　考点必会

第一节　会计凭证概述

考点一　会计凭证的概念与作用

1. 填制和审核会计凭证的作用有(　　)。

A. 及时正确地反映各项经济业务的完成情况

B. 可以有效地发挥会计监督作用

C. 便于分清经济责任

D. 便于编报、输出会计信息

考点二　会计凭证的种类

2. (　　)是记录经济业务发生或完成情况的书面证明，也是登记账簿的依据。

A. 科目汇总表　　B. 会计凭证

C. 原始凭证　　D. 记账凭证

3. 下列关于原始凭证和记账凭证的表述中错误的是(　　)。

A. 原始凭证记录的是经济信息

B. 原始凭证是编制记账凭证的依据

C. 记账凭证记录的是会计信息

D. 记账凭证是会计核算的基础

第二节　原始凭证

考点三　原始凭证的种类

4. “限额领料单”按其填制手续属于(　　)。

A. 一次凭证　　B. 累计凭证

C. 汇总凭证　　D. 通用凭证

5. 将原始凭证称之为“通用凭证”和“专用凭证”，是按照(　　)进行的分类。

A. 来源　　B. 用途

C. 填制手续　　D. 格式

6. 下列原始凭证中，属于自制原始凭证的有(　　)。

A. 限额领料单　　B. 制造费用分配表

C. 发料凭证汇总表　　D. 购货取得的增值税专用发票

考点四　原始凭证的基本内容及填制要求

7. 下列各项中，不属于原始凭证所包括的基本内容的是(　　)。

A. 原始凭证的名称　　B. 接受原始凭证单位或个人的名称

C. 填制单位名称或填制人姓名　　D. 应借应贷的会计科目

8. 下列做法中，符合《会计基础工作规范》规定的是(　　)。

A. 自制原始凭证无须经办人签名或盖章

B. 外来原始凭证金额错误，可在原始凭证上更正但需签名或盖章

C. 凡是账簿记录金额错误，都可以采用“划线更正法”予以更正

D. 销售商品 1 000. 84 元，销货发票大写金额为：壹仟元零捌角肆分

考点五　原始凭证的审核内容

9. 根据《会计法》的规定，对原始凭证进行审核时，应包括的内容有(　　)。

A. 审核凭证所记载的经济业务是否真实、可靠

B. 合法性、合规性、合理性审核

C. 完整性审核

D. 正确性审核

10. 下列各项中符合《会计法》规定更正原始凭证错误的具体要求的有(　　)。

A. 原始凭证记载内容有错误的，应当由开具单位重开或更正，并在更正处加盖出具单位印章

B. 原始凭证金额出现错误的，不得重开，只能由原始凭证出具单位更正

C. 原始凭证所记载的各项内容均不得涂改

D. 对于不真实、不合法的原始凭证，应当由开具单位重开或更正，并在更正处加盖出具单位印章

第三节　记账凭证

考点六　记账凭证的种类

11. 记账凭证按其所反映的经济业务内容，通常可以分为(　　)。

A. 收款凭证　　B. 付款凭证

C. 转账凭证　　D. 结算凭证

12. 复式记账法下所有使用的记账凭证是复式凭证，单式记账法下使用的记账凭证是单式凭证。(　)

考点七　记账凭证的基本内容及编制要求

13. 下列选项中，不属于记账凭证基本要素的有(　　)。

A. 日期和编号及经济业务摘要

B. 交易或事项涉及的会计科目及金额

C. 原始凭证附件

D. 单位负责人签章

14. 收款凭证左上角的借方科目可能是(　　)。

A. 银行存款　　B. 银行借款

C. 库存现金　　D. 货币资金

15. 下列经济业务中，应填制付款凭证的有(　　)。

A. 从银行提取现金备用　　B. 购买材料预付定金

C. 购买材料未付款　　D. 以银行存款支付前欠单位货款

16. 下列经济业务中，不应填制转账凭证的有(　　)。

A. 用银行存款偿还短期借款　　B. 收回应收账款

C. 用现金支付工资　　　　D. 生产领用原材料

考点八　记账凭证的审核内容

17. 下列各项中，属于记账凭证审核应注意的内容有(　　)。

A. 内容是否真实　　　　B. 项目是否齐全

C. 科目是否正确　　　　D. 书写是否正确

第四节　会计凭证的传递和保管

考点九　会计凭证的传递与保管

18. 会计凭证传递是指会计凭证在单位内部有关部门和人员之间的传递程序和传递时间，其传递过程是指(　　)。

A. 会计凭证从填制到会计报表归档保存

B. 会计凭证从填制到会计凭证归档保管

C. 原始凭证从填制到会计报表归档保管

D. 会计凭证从填制到会计账簿归档保管

19. 下列关于会计凭证保管的表述中，正确的有(　　)。

A. 会计凭证应定期装订成册，防止散失

B. 即使单位负责人同意，也不得销毁保管期未满的会计凭证

C. 单位会计机构对会计凭证可保管一年

D. 会计凭证封面需经会计主管人员和保管人员签章

第二部分　过关必练

(一) 单项选择题

1. 下列原始凭证中，属于通用凭证的是(　　)。

A. 银行对账单　　　　B. 折旧计算表

C. 增值税专用发票　　　　D. 差旅费报销单

2. “发料凭证汇总表”不能提供的信息是(　　)。

A. 领料金额　　B. 领料人

C. 借方科目　　D. 领料单张数

3. 根据一定时期内反映相同经济业务的多张原始凭证，按一定标准经综合后一次填制完成的原始凭证是(　　)。

A. 累计凭证　　B. 一次凭证

C. 汇总凭证　　D. 记账凭证

4. 下列凭证中，既是一次凭证也是专用凭证的是(　　)。

A. 工资计算表　　B. 现金收据

C. 增值税专用发票　　D. 领料单

5. 下列选项中，属于汇总凭证的是(　　)。

A. 购货发票　　B. 差旅费报销单

C. 借款单　　D. 收据

6. 职工出差的借款单、收料单、领料单等，按其填制手续和内容不同属于(　　)。

A. 自制原始凭证　　B. 外来原始凭证

C. 一次凭证　　D. 累计凭证

7. 发料凭证汇总表属于(　　)。

A. 单项原始凭证　　B. 自制原始凭证

C. 外来原始凭证　　D. 累计原始凭证

8. 下列选项中，属于累计凭证的是(　　)。

A. 领料单　　B. 限额领料单

C. 耗用材料汇总表　　D. 工资汇总表

9. 某单位财务部第 8 号记账凭证的会计事项需要填制 3 张记账凭证，下列编号中，正确的是(　　)。

A. 8，9，10　　B. 7，8，9

C. 8 1/3，8 2/3，8 3/3　　D. 1/3，2/3，2/3

10. 原始凭证记载的内容有错误时，正确的做法是(　　)。

A. 向单位负责人报告　　B. 退回，不予接受

C. 由出具单位重开或更正　　D. 本单位代为更正

11. (　　)，可全部粘贴在清单上，作为一张原始凭证附件。

A. 医疗费报销单据　　B. 实存账存对比表

C. 增值税专用发票　　D. 银行付款回单

12. 对于需要几个单位共同负担的一张原始凭证上的支出，应根据其他单位

负担部分为其提供(　　)。

A. 原始凭证复印件　　B. 原始凭证汇总表

C. 原始凭证交割单　　D. 原始凭证分割单

13. 原始凭证审核的内容不包括(　　)。

A. 经济业务内容是否真实　　B. 经济业务的发生时间是否合理

C. 经济业务是否有违法乱纪行为　　D. 应借应贷方向是否正确

14. 下列各项中，不属于原始凭证合法性审核内容的是(　　)。

A. 记载的经济业务是否符合国家政策、法规的要求

B. 记载的经济业务是否履行了规定的凭证传递和审核要求

C. 记载的经济业务内容是否有贪污腐败等行为

D. 记载的经济业务是否符合企业生产经营活动的需要，是否符合有关的计划和预算

15. 会计人员在审核购货发票及材料入库单时发现，该批材料采购量过大。则该原始凭证所反映的经济业务是(　　)。

A. 不合法　　B. 不合理

C. 不完整　　D. 不正确

16. 会计人员审核原始凭证时，发现其金额有差错，应由(　　)。

A. 出具单位重开　　B. 经办人更正

C. 会计人员更正　　D. 审批人员更正

17. 由出纳人员根据审核无误的原始凭证填制的，用来记录现金和银行存款收款业务的凭证是(　　)。

A. 记账凭证　　B. 转账凭证

C. 原始凭证　　D. 收款凭证

18. 下列经济业务发生后，应编制转账凭证的是(　　)。

A. 现金送存银行　　B. 从银行提取现金

C. 分配制造费用　　D. 预借差旅费，以现金支付

19. 下列既可以作为登记总账依据，又可以作为登记明细账依据的是(　　)。

A. 记账凭证　　B. 汇总记账凭证

C. 原始凭证　　D. 汇总原始凭证

20. 向外地某公司购入原材料 100 000 元，增值税进项税额 17 000 元，货款以银行承兑汇票支付，应编制(　　)。

A. 银行存款付款凭证　　B. 转账凭证

C. 库存现金付款凭证　　D. 库存现金收款凭证

21. 经济业务较少的单位可以采用(　　)来记录所有经济业务。

A. 原始凭证　　B. 通用记账凭证

C. 专用记账凭证　　D. 汇总记账凭证

22. 将记账凭证分为收款凭证、付款凭证和转账凭证的依据是(　　)。

A. 凭证用途的不同　　B. 凭证填制手续的不同

C. 记载经济业务内容的不同　　D. 所包括的会计科目是否单一

23. 下列经济业务，应填制库存现金收款凭证的是(　　)。

A. 从银行提取现金　　B. 以现金发放职工工资

C. 出售报废固定资产收到现金　　D. 销售材料收到一张转账支票

24. 下列经济业务中，应填制银行存款收款凭证的是(　　)。

A. 从银行提取现金　　B. 销售商品收到银行本票

C. 销售材料收到银行承兑汇票　　D. 销售周转材料收到现金

25. 月末，甲产品完工入库 2 000 件，单位成本 15 元/件，应填制的记账凭证是(　　)。

A. 收款凭证　　B. 付款凭证

C. 转账凭证　　D. 原始凭证

26. 某企业采用专用记账凭证格式，行政管理部门王某前来报销差旅费 2 600元（原预借 3 000 元），多余现金交还财务科。会计人员应当填制的记账凭证是(　　)。

A. 只填制现金收款凭证

B. 只填制转账凭证

C. 除填制现金收款凭证外还要填制转账凭证

D. 除填制现金付款凭证外还要填制转账凭证

27. 用转账支票支付前欠货款，应填制(　　)。

A. 转账凭证　　B. 收款凭证

C. 付款凭证　　D. 原始凭证

28. 下列关于记账凭证的说法，正确的是(　　)。

A. 按照填列方法的不同，记账凭证分为通用记账凭证和专用记账凭证

B. 通用记账凭证是单式记账凭证，专用记账凭证是复式记账凭证

C. 复式记账凭证能够反映会计账户之间的对应关系

D. 通用记账凭证适用于规模大、经济业务数量以及收付款业务较多的单位

29. 记账凭证应附有原始凭证，除更正错误和(　　)的记账凭证可以不附原始凭证之外，其他记账凭证必须附有原始凭证。

A. 银行转账　　B. 期末对账

C. 银行调账　　　　　　　　　　D. 期末结账

30. 库存现金收款凭证上的填写日期应当是( )。

A. 编制收款凭证的日期　　　　　B. 收取现金的日期

C. 所附原始凭证上注明的日期　　D. 登记现金总账的日期

31. 根据同一原始凭证编制几张记账凭证的，应( )。

A. 编制原始凭证分割单

B. 采用分数编号的方法

C. 不必做任何说明

D. 在未附原始凭证的记账凭证上注明其原始凭证在哪张记账凭证中

32. 从银行提取现金，登记库存现金日记账的依据是( )。

A. 现金收款凭证　　　　　　　B. 银行存款收款凭证

C. 现金付款凭证　　　　　　　D. 银行存款付款凭证

33. 涉及库存现金和银行存款之间的划转业务，一般只填制付款凭证，不填制收款凭证，目的是( )。

A. 简化凭证填制手续　　　　　B. 简化账簿登记手续

C. 清晰反映科目对应关系　　　D. 避免凭证重复

34. 如果在业务发生或完成时，因各种原因而未能及时填制凭证的，应以( )为准。

A. 业务发生或完成的日期　　　B. 实际填制日期

C. 业务发生日期　　　　　　　D. 业务完成日期

35. 记账凭证与所附原始凭证的金额( )。

A. 可能相等　　　　　　　　　B. 可能不相等

C. 有时相等、有时不相等　　　D. 必须相等

36. 出纳人员根据收款凭证收款或根据付款凭证付款后，为避免重收重付，应( )。

A. 在凭证上加盖“收讫”或“付讫”戳记

B. 由收款人员或付款人员在备查簿上签名

C. 由出纳人员在备查簿登记

D. 由出纳人员在凭证上划线注销

37. 在审核记账凭证时，如发现记账凭证有误，应由( )更正。

A. 审核人员　　　　　　　　　B. 记账人员

C. 填制人员　　　　　　　　　D. 出纳人员

38. 会计凭证的传递，是指从会计凭证( )到归档保管时止的全过程。

A. 取得或填制　　　　　　　　B. 产生法律效力

C. 经领导核准　　D. 加盖公章

39. 下列关于会计凭证的装订和保管的表述中，不正确的是(　　)。

A. 会计凭证必须按照归档制度，妥善整理和保管，形成会计档案，便于随时查询

B. 对检查无误的会计凭证，要按顺序号排列，折叠整齐装订成册，并加具封面

C. 如果某些记账凭证所附的原始凭证数量过多，也可以单独装订成册，应在其封面及有关记账凭证上加注说明

D. 合同、契约、押金收据等重要原始凭证，必须装订成册，不得单独保管，防止散失

40. 会计凭证按其(　　)不同，可以分为原始凭证和记账凭证。

A. 填制的方法　　B. 取得的来源

C. 填制的程序和用途　　D. 反映经济业务的次数

41. 下列会计凭证中属于原始凭证的是(　　)。

A. 收款凭证　　B. 付款凭证

C. 转账凭证　　D. 发料凭证汇总表

42. 限额领料单是一种(　　)。

A. 记账凭证　　B. 汇总凭证

C. 一次凭证　　D. 累计凭证

43. “发出材料汇总表”是(　　)。

A. 汇总原始凭证　　B. 汇总记账凭证

C. 累计凭证　　D. 记账凭证

44. (　　)属于外来原始凭证。

A. 入库单　　B. 出库单

C. 银行收款通知单　　D. 发出材料汇总表

45. 只反映一项经济业务，或同时反映若干项经济业务，凭证填制手续是一次完成的自制原始凭证，称为(　　)。

A. 累计凭证　　B. 汇总原始凭证

C. 一次凭证　　D. 单式记账凭证

46. 以下所列不能作为原始凭证的是(　　)。

A. 发货票　　B. 收料单

C. 经济合同　　D. 领料单

47. 将记账凭证分为收款凭证、付款凭证和转账凭证的依据是(　　)。

A. 按凭证填制的程序　　B. 按凭证在经济管理中的用途

C. 按凭证取得的来源　　　　D. 按凭证所记录的经济业务内容

48. 会计人员审核凭证时，发现其金额有差错，应由(　　)。

A. 原制单人员更正　　　　B. 经办人员更正

C. 会计人员更正　　　　D. 审批人员更正

49. 对于一般原始凭证，若填写出现错误时，应采用(　　)予以更正。

A. 红字更正法　　　　B. 划线更正法

C. 补充登记账法　　　　D. 蓝字更正法

50. 销售产品一批，货款金额共计为伍万零玖元肆角整，在填写发货票小写金额时，应书写为(　　)。

A. ¥50 009.40 元　　　　B. 50 009.40 元

C. ¥50 009.40　　　　D. ¥50 009.4 元

51. 会计凭证的传递，是指(　　)，在单位内部有关部门及人员之间的传递程序和传递时间。

A. 会计凭证的填制到登记账簿止

B. 会计凭证的填制或取得到归档止

C. 会计凭证审核后到归档止

D. 会计凭证的填制后取得到汇总登记账簿止

52. “制造费用分配表”属于(　　)。

A. 一次凭证　　　　B. 累计凭证

C. 汇总原始凭证　　　　D. 记账编制凭证

53. 会计实务采用的收款凭证、付款凭证和转账凭证都属于(　　)。

A. 单式记账法　　　　B. 复式记账法

C. 专用记账凭证　　　　D. 通用记账凭证

54. 记账凭证是(　　)根据审核无误的原始凭证填制的。

A. 会计人员　　　　B. 经办人员

C. 主管人员　　　　D. 复核人员

55. 付款凭证的贷方科目为(　　)。

A. “现金”　　　　B. “银行存款”

C.“现金”或“银行存款”　　　　D. 任何一个会计科目

56. 在借贷记账法下，将各种经济业务所涉及的会计科目全部填列在一张凭证内的凭证是(　　)。

A. 收款凭证　　　　B. 付款凭证

C. 通用记账凭证　　　　D. 转账凭证

57. 会计凭证装订成册后，应集中管理，并由(　　)。

A. 出纳会计管理　　B. 领导人管理

C. 经办人管理　　D. 专人管理

58. 会计凭证的保管期限和销毁手续，必须严格执行会计制度的规定，(　　)。

A. 任何人无权自行随意销毁　　B. 经批准后可以随意销毁

C. 经批准后可以自行销毁　　D. 都可以自行随意销毁

59. 下列(　　)属于原始凭证。

A. 销售发票　　B. 销售合同

C. 工程预算　　D. 投资计划

60. 原始凭证有错误的，正确的处理方法是(　　)。

A. 向单位负责人报告　　B. 退回，不予接受

C. 由出具单位重开或更正　　D. 本单位代为更正

61. "¥3 007.23"大写金额的正确写法是(　　)。

A. 三仟〇七元贰角三分整　　B. 三仟〇七元贰角三分

C. 叁仟零柒元贰角叁分整　　D. 叁仟零柒元贰角叁分

62. "人民币贰拾陆元捌角整"应写成(　　)。

A. ¥26.80　　B. ¥26.8

C. ¥26.8 -　　D. 26.80

63. 下列表示方法正确的是(　　)。

A. ¥508.00　　B. ¥86.00

C. 人民币　伍拾陆元捌角伍分整　　D. 人民币　柒拾陆元整

64. 可以不附原始凭证的记账凭证是(　　)。

A. 更正错误的记账凭证　　B. 从银行提取现金的记账凭证

C. 以现金发放工资的记账凭证　　D. 职工临时性借款的记账凭证

65. 对于需要几个单位共同负担的一张原始凭证上的支出，应根据其他单位负担的部分为其提供(　　)。

A. 原始凭证复印件　　B. 原始凭证汇总表

C. 原始凭证分割单　　D. 原始凭证交割单

66. 由出纳人员根据审核无误的原始凭证填制的，用来记录现金和银行存款收款业务的凭证是(　　)。

A. 记账凭证　　B. 转账凭证

C. 原始凭证　　D. 收款凭证

67. 编制记账凭证的根本目的是(　　)。

A. 取代原始凭证　　B. 便于编制会计报表

C. 确定会计分录，便于登账　　D. 便于审核原始凭证

68. 将现金送存银行，应填制的记账凭证是(　　)。

A. 现金收款凭证　　B. 现金付款凭证

C. 银行存款收款凭证　　D. 银行存款付款凭证

（二）多项选择题

1. 填制和审核会计凭证的作用有(　　)。

A. 及时正确地反映各项经济业务的完成情况

B. 可以有效地发挥会计监督作用

C. 便于分清经济责任

D. 便于会计核算工作有条不紊地进行

2. 以下有关会计凭证表述正确的有(　　)。

A. 会计凭证是记录经济业务的书面证明

B. 会计凭证是明确经济责任的书面文件

C. 会计凭证是编制报表的依据

D. 会计凭证是登记账簿的依据

3. 下列各项属于专用原始凭证的有(　　)。

A. 领料单　　B. 差旅费报销单

C. 折旧计算表　　D. 工资费用分配表

4. 原始凭证的主要作用在于(　　)。

A. 记录经济业务　　B. 监督经济业务

C. 明确经济责任　　D. 作为登账依据

5. 下列属于具有法律效力的原始凭证有(　　)。

A. 银行收付款通知单　　B. 开工单

C. 派工单　　D. 限额领料单

6. 下列属于外来原始凭证的有(　　)。

A. 外单位寄来的购货合同

B. 供货单位开具的增值税专用发票的抵扣联

C. 职工出差取得的飞机票和火车票

D. 对外支付款项时取得的收款收据

7. 下列原始凭证中，属于单位自制原始凭证的有(　　)。

A. 收料单　　B. 限额领料单

C. 产品入库单　　D. 领料单

8. 下列关于原始凭证的说法中，正确的有(　　)。

A. 按照来源不同，原始凭证分为外来原始凭证和自制原始凭证

B. 按照格式的不同，原始凭证分为通用凭证和专用凭证

C. 按照填制手续及内容不同，原始凭证分为一次凭证、累计凭证和汇总凭证

D. 按照填制方法不同，原始凭证分为外来原始凭证和自制原始凭证

9. 属于一次原始凭证的有(　　)。

A. 收料单　　B. 销货发票

C. 工资结算单　　D. 限额领料单

10. 原始凭证的基本内容中包括(　　)。

A. 原始凭证的名称　　B. 接受原始凭证的单位名称

C. 经济业务的性质　　D. 凭证附件

11. 甲企业销售货物给 A 公司，双方签订销售合同约定：甲企业货物分三次发送完成。财务部门在收到仓库保管员送来的发货凭证汇总表后，于 2013 年 2 月 10 日开出销售发票价税款 105 300 元，增值税税率 17%；全部款项当日收到 A 公司支付的支票，当即填制进账单解入银行；甲企业为销售该货物以银行存款支付运费 1 000 元；结转该批产品的销售成本为 65 000 元。对发票中 105 300 元的大写金额正确的是(　　)。

A. 人民币拾万零伍仟叁佰元整　　B. 人民币壹拾万伍仟叁佰元整

C. 人民币壹拾万零伍仟叁佰元整　　D. 人民币壹拾万零伍仟叁佰元正

12. 票据的出票日期书写正确的有(　　)。

A. 2 月 5 日，应写成“零贰月零拾伍日”

B. 10 月 10 日，应写成“零壹拾月零壹拾日”

C. 10 月 30 日，应写成“零壹拾月叁拾日”

D. 12 月 12 日，应写成“零壹拾贰月零壹拾贰日”

13. 原始凭证真实性的审核内容包括(　　)等。

A. 原始凭证日期、业务内容、数据是否真实

B. 外来原始凭证，必须有填制单位公章和填制人员签章

C. 自制原始凭证，必须有经办部门和经办人员的签章

D. 所记录的经济业务是否履行了规定的凭证传递和审核程序

14. 对原始凭证审核的内容有(　　)。

A. 真实性　　B. 合理性

C. 及时性　　D. 重要性

15. 会计人员对原始凭证审核后的处理正确的是(　　)。

A. 对于审核符合要求的原始凭证，应及时据以编制记账凭证登记入账

B. 对于真实、合法、合理的原始凭证，但内容不够完整或填写不准确的，应退回补充和更正

C. 对于不真实、不合法的原始凭证，应拒绝接受，并向单位负责人报告

D. 对于真实、合法、合理的原始凭证，但内容不够完整或填写不准确的，应拒绝接受，并向单位领导报告

16. 以下属于单式记账凭证特点的有( )。

A. 一张凭证记录不超过两个会计分录

B. 把经济业务所涉及的每个会计科目分别填列在几张凭证上

C. 每个会计科目填列一张记账凭证

D. 便于汇总计算每一科目的发生额

17. 复式凭证的缺点是( )。

A. 不便于汇总计算科目的发生额　　B. 不便于不同会计岗位分工记账

C. 制证工作量大　　D. 不便于检查会计分录的准确性

18. 下列属于记账凭证基本内容的是( )。

A. 有关人员签章　　B. 经济业务事项的数量、单价和金额

C. 经济业务内容摘要　　D. 经办人员的签章

19. 记账凭证可以根据( )编制。

A. 同一日期的所有原始凭证汇总　　B. 原始凭证汇总表

C. 若干张同一类别的原始凭证　　D. 每一张原始凭证

20. 下列人员中，应在记账凭证上签名或盖章的有( )。

A. 审核人员　　B. 会计主管人员

C. 记账人员　　D. 制单人员

21. 记账凭证的填制必须做到记录真实、内容完整、填制及时、书写清楚外，还必须符合( )要求。

A. 如有空行，应当在空行处划线注销

B. 发生错误应该按规定的方法更正

C. 必须连续编号

D. 除另有规定外，应该有附件并注明附件张数

22. 下列业务中，应编制收款凭证的是( )。

A. 收回前欠货款 30 000 元　　B. 购入材料 10 000 元，货款未付

C. 以银行存款归还前欠货款 50 000 元　　D. 接受投资者投入 280 000 元

23. 下列说法正确的是( )。

A. 原始凭证遗失时，应取得原签发单位的证明，并由经办单位会计机构负责人、会计主管人员和单位负责人批准后可以代作原始凭证

B. 原始凭证不得外借，其他单位如有特殊原因确实需要使用时，可由本单位会计机构负责人或会计主管人员批准，可以复印，并可以不登记

C. 原始凭证较多时可以单独装订，但应在所属的记账凭证上注明附件另订

D. 原始凭证保管期限是 15 年

24. 对于会计凭证的传递，单位在规定会计凭证联次以及流程时应该依据(　　)。

A. 业务特点　　B. 机构设置

C. 人员分工　　D. 管理要求

25. 会计凭证科学的传递程序应当注意考虑的问题(　　)。

A. 制定科学合理的传递路线　　B. 确定合理的停留处理时间

C. 建立凭证交接签收制度　　D. 建立合法的凭证保管制度

26. 记账凭证审核内容包括(　　)。

A. 经济业务的数量、单价等　　B. 金额是否正确

C. 账户使用是否正确　　D. 内容是否真实

27. 会计凭证的作用有(　　)。

A. 反映经济业务的完成情况　　B. 综合反映企业的财务状况

C. 作为记账的依据　　D. 对经济业务进行日常监督

28. 以下所列属于原始凭证的有(　　)。

A. 付款凭证　　B. 销货发票

C. 收料单　　D. 银行结算凭证

29. 以下所列属于一次性原始凭证的有(　　)。

A. 收料单　　B. 报销凭单

C. 领料单　　D. 限额领料单

30. 外来原始凭证是(　　)。

A. 从企业外部取得的　　B. 由会计人员填制

C. 一次凭证　　D. 加盖填制单位公章

31. 原始凭证的内容有(　　)。

A. 凭证的名称、日期、编号　　B. 接受单位或个人名称

C. 会计分录　　D. 业务内容

32. 填制原始凭证的要求有(　　)。

A. 遵纪守法　　B. 记录真实

C. 内容完整　　D. 填写认真

33. 下列凭证属于外来原始凭证的有(　　)。

A. 领料单　　B. 购货发货票

C. 经济采购合同　　D. 出差人员车票

34. 记账凭证(　　)。

A. 由经办人填制　　B. 由会计人员填制

C. 经济业务发生时填制　　D. 根据审核无误的原始凭证填制

35. 可以作为记账凭证填制依据的有(　　)。

A. 自制原始凭证　　B. 记账编制凭证

C. 汇总原始凭证　　D. 外来原始凭证

36. 记账凭证的作用在于(　　)。

A. 对经济业务进行归类　　B. 确定会计分录

C. 据以记账　　D. 反映经济业务执行情况

37. 下列记账凭证中属于复式记账凭证的有(　　)。

A. 收款凭证　　B. 付款凭证

C. 转账凭证　　D. 通用记账凭证

38. 收款凭证左上角的借方科目可能是(　　)科目。

A. “应付账款”　　B. “材料采购”

C. “银行存款”　　D. “现金”

39. 若记账之前发现记账凭证有错误可采用(　　)。

A. 红字更正法

B. 划线更正法

C. 补充登记账法

D. 将错误的记账凭证作废撕毁、重新编制正确凭证

40. 限额领料单同时属于(　　)。

A. 原始凭证　　B. 记账凭证

C. 一次凭证　　D. 累计凭证

41. 外购材料取得的发货票属于(　　)。

A. 外来原始凭证　　B. 累计凭证

C. 一次凭证　　D. 自制原始凭证

42. 原始凭证审核的主要内容有(　　)。

A. 审核原始凭证所记录经济业务的合法性

B. 审核原始凭证所记录经济业务是否符合计划

C. 审核原始凭证填写内容是否符合规定

D. 审核原始凭证会计分录是否正确

43. 记账凭证可以根据(　　)填制。

A. 一份原始凭证　　B. 多份原始凭证汇总

C. 账簿记录结果　　　　　　　　D. 考勤簿

44. 记账凭证的审核主要内容有(　　)。

A. 是否附有原始凭证，所记内容与原始凭证是否一致

B. 应借应贷的会计科目与金额是否正确

C. 是否有经手人签名或盖章

D. 摘要、项目、日期是否填列齐全、清楚

45. 需要单独保管的有(　　)。

A. 重要原始凭证　　　　　　　　B. 重要合同

C. 重要契约　　　　　　　　　　D. 重要押金收据

46. 下列属于外来原始凭证的是(　　)。

A. 本单位开具的销售发票　　　　B. 供货单位开具的发票

C. 职工出差取得的飞机票和火车票　D. 银行收付款通知单

47. 下列关于原始凭证的说法正确的是(　　)。

A. 按照来源的不同，分为外来原始凭证和自制原始凭证

B. 按照格式的不同，分为通用凭证和专用凭证

C. 按照填制手续及内容不同，分为一次凭证、累计凭证和汇总凭证

D. 按照填制方法不同，分为外来原始凭证和自制原始凭证

48. 下列属于通用凭证的是(　　)。

A. 本单位开具的销售发票　　　　B. 供货单位开具的发票

C. 工资费用分配表　　　　　　　D. 差旅费报销单

49. 原始凭证的审核内容包括(　　)。

A. 有关数量、单价、金额是否正确无误

B. 是否符合有关的计划和预算

C. 记录的经济业务的发生时间

D. 是否有违反国家法律法规的情况

50. 下列说法正确的是(　　)。

A. 按其反映的经济业务的内容，记账凭证分为收款凭证、付款凭证和转账凭证

B. 按照填列方式不同，记账凭证分为复式凭证和单式凭证

C. 复式记账凭证便于汇总计算每一个会计科目的发生额

D. 单式记账凭证便于分工记账

51. 在原始凭证上书写阿拉伯数字，正确的是(　　)。

A. 金额数字一律填写到角、分

B. 无角分的，角位和分位可写“00”或者符号“—”

C. 有角无分的，分位应当写“0”

D. 有角无分的，分位也可以用符号“—”代替

52. 原始凭证审核的内容包括(　　)。

A. 经济业务内容是否真实

B. 会计科目使用是否正确

C. 应借应贷方向是否正确

D. 经济业务是否有违法乱纪行为

53. 对原始凭证发生的错误，正确的更正方法是(　　)。

A. 由出具单位重开或更正

B. 由本单位的会计人员代为更正

C. 金额发生错误的，可由出具单位在原始凭证上更正

D. 金额发生错误的，应当由出具单位重开

54. 其他单位因特殊原因需要使用本单位的原始凭证，正确的做法是(　　)。

A. 外借

B. 将外借的会计凭证拆封抽出

C. 不得外借，经本单位会计机构负责人或会计主管人员批准，可以复制

D. 将向外单位提供的凭证复印件在专设的登记簿上登记

55. 不能销毁的会计档案有(　　)。

A. 已保管 10 年的明细账

B. 保管期满但未结清的债权债务原始凭证

C. 会计档案销毁清册

D. 正在项目建设期间的建设单位，其保管期已满的会计档案

(三) 判断题

1. 实际工作中，会计人员应先编制会计分录，再根据会计分录填制会计凭证。(　)

2. 会计凭证所提供的会计信息过于分散，缺乏系统性。(　　)

3. 填制和审核会计凭证是一种会计核算的专门方法。(　　)

4. 凡是不能用来证明经济业务实际上发生或完成的文件和单据，就不属于原始凭证，也不能作为记账的原始依据。(　　)

5. 通知凭证是证明某项经济业务已经完成的原始凭证。(　　)

6. 累计凭证是指一定时期内根据多张相同的原始凭证累计而成的凭证。(　　)

7. 外来原始凭证都是一次凭证，自制原始凭证可能是一次凭证，也可能是累计凭证，还可能是汇总凭证。(　)

8. 只要是真实的原始凭证就可以作为收付财物和记账的依据。（　）

9. 从外单位取得的原始凭证应盖有填制单位的公章，但有些特殊原始凭证例外。（　　）

10. 原始凭证不能表明交易或事项归类的会计科目和记账方向。（　　）

11. 现行结算票据的出票日期可以使用中文大写，也可以使用小写填写。（　　）

12. 各类原始凭证应由会计人员根据实际发生的经济业务如实填写，不得伪造、涂改或弄虚作假。（　　）

13. 填制原始凭证，汉字大写金额数字到元为止的，后面必须写“正”或“整”，分位后面不写“正”或“整”。（　　）

14. 填制会计凭证，所有以元为单位的阿拉伯数字，除单价等情况外，一律填写到角分；有角无分的，分位应当写“0”或用符号“—”代替。（　）

15. 经济业务存在多样性，原始凭证的形式大不相同，为了反映不同的经济业务，原始凭证的基本内容因此而各有不同。（　　）

16. 如果一张原始凭证需填制两张记账凭证，应将原始凭证复印一份，附在某张记账凭证后。（　）

17. 合理性审核主要是审核原始凭证所记载经济业务是否符合企业生产经营活动的需要，是否符合有关的计划和预算。（　　）

18. 原始凭证的及时性是保证会计信息质量的基础。（　　）

19. 支票、收据等原始凭证发生填制错误，不能采用划线更正，应予以销毁，重新编制。（　　）

20. 记账凭证是介于原始凭证与账簿之间的中间环节。（　　）

21. 记账凭证又称记账凭单，是会计人员根据审核无误的原始凭证按照经济业务事项的内容加以归类，并确定会计分录后填制的会计凭证，它是登记账簿的直接依据。（　）

22. 收款、付款、转账凭证都属于记账凭证，所以出纳都可以进行制单。（　　）

23. 收款、付款和转账凭证的划分，有利于经济业务的检查，但工作量较大，适用于规模较大、收付款业务较多的单位。（　　）

24. 记账凭证对经济业务的发生和完成有证明效力。（　　）

25. 复式记账法是指对于发生的每一项经济业务都要以相等的金额同时在相互联系的两个科目中进行登记的一种记账方法。（　　）

26. 在一项经济业务中，如果既涉及现金和银行存款的收付，又涉及转账业务的，应同时编制收（付）款凭证和转账凭证。（　　）

27. 在编制记账凭证时，可以只填会计科目编号，不填会计科目的名称，以简化工作。(　　)

28. 所有现金日记账的借方都是收款凭证登记的，贷方都是根据付款凭证登记的。(　　)

29. 所有记账凭证必须根据审核无误的原始凭证填制。(　　)

30. 记账凭证的编号，可以在填写凭证的当日填写，也可以在月末记账时填写。(　　)

31. 填制记账凭证时，若发生差错，应重新填制。(　　)

32. 派工单不能证明经济业务已经发生或完成的情况，因此不能作为编制记账凭证和登记账簿的依据。(　　)

33. 记账凭证可以根据每一张原始凭证填制，或者根据若干张原始凭证汇总填制，也可以根据原始凭证汇总表填制。(　　)

34. 付款凭证上的会计分录只能是一借一贷的简单会计分录或一贷多借的复合会计分录。(　　)

35. 张明出差归来报销差旅费，经整理共有飞机票、火车票、市内公交车票等共计20张。张明填制了报销清单并粘贴妥当且经领导签字审批后，出纳员当即给予报销。会计人员在根据该项业务编制记账凭证时，记账凭证的附件数量应填20。(　　)

36. 对记账凭证审核时，应对原始凭证进行复审。(　　)

37. 审核无误的记账凭证，是登记账簿的直接依据。(　　)

38. 会计凭证传递时应明确在各个环节停留的时间，从而保证及时进行账务处理。(　　)

39. 会计凭证传递越快越好。(　　)

40. 原始凭证都是以实际发生或完成的经济业务为依据而填制的。(　　)

41. 限额领料单属于一次凭证。(　　)

42. 收料单属于汇总凭证。(　　)

43. 外来原始凭证都是一次性原始凭证。(　　)

44. 除记账编制凭证外，其他原始凭证一般都是以实际发生的经济业务为依据填制的。(　　)

45. 各种记账凭证都只能根据每一张原始凭证逐一编制。(　　)

46. 通用记账凭证的格式和填制方法，与转账凭证相同。(　　)

47. 各种会计凭证不得随意涂改、刮擦、挖补，如填写发生错误，应采用划线更正法予以更正。(　　)

48. 从银行存款中提取现金，既可以编制银行存款付款凭证，也可以编制现

金收款凭证。( )

49. 转账凭证只登记与货币资金收付无关的业务。( )

50. 收款凭证只有在现金增加时才填制。( )

51. 在编制记账凭证时，原始凭证就是记账凭证的附件。( )

52. 对于遗失的原始凭证而又无法取得证明，如火车票等，可由当事人写出详细情况，由单位负责人批准后，也可代作原始凭证。( )

53. 各单位可以自行规定销毁会计凭证的时间。( )

54. 会计凭证按规定保管期满后，可由财会人员销毁。( )

55. 原始凭证原则上不得外借，其他单位如有特殊原因确实需要使用时，经本单位会计机构负责人、会计主管人员批准，可以外借。( )

56. 记账凭证填制完经济业务事项后，如有空行，应当将自金额栏最后一笔金额数字下的空行处至合计数上的空行处用文字注销。( )

57. 所有的记账凭证都必须附有原始凭证，否则，不能作为记账的依据。( )

58. 填制会计凭证是会计核算的方法之一，也是会计核算工作的起始环节。( )

59. 记账凭证可以根据每一张原始凭证填制，或者根据若干张原始凭证汇总填制，也可以根据原始凭证汇总表填制。( )

60. 会计人员对于不真实、不合法的原始凭证有权不予以接受。( )

61. 自制原始凭证都是一次凭证，外来原始凭证绝大多数是一次凭证。( )

62. 原始凭证是会计核算的原始资料和重要依据，是登记会计账簿的直接依据。( )

63. 原始凭证所要求填列的项目必须逐项填列齐全，不得遗漏和省略，需要填写数联的原始凭证，应逐联填写。( )

64. 对于保管期满但未清算的债权债务的原始凭证不得销毁，应单独抽出，另行立卷，由档案部门保管到未了事项完结时为止。( )

（四）计算分析题

请根据题目所述条件填列①~⑥处。

（1）甲企业 2013 年 1 月 5 日销售货物一批，价款 10 000 元，增值税销项税税率 17%，收到购买单位支票一张，收讫后存入银行。出纳人员根据审核无误的原始凭证填制银行存款收款凭证。

收款凭证

借方科目：银行存款　　　　2013 年 1 月 5 日　　　　收字第 1 号

摘　要	贷方科目		金额	记账
	一级科目	二级或明细科目		
销售甲产品	主营业务收入	甲产品	①	
	应交税费	应交增值税	②	
合计			③	

会计主管　　记账　　稽核　　填制　　出纳　　交款人

（2）甲企业 2013 年 1 月 12 日购入 A 材料一批，买价 6 000 元，增值税进项税税率 17%，开出支票一张支付购料款。出纳人员根据审核无误的原始凭证填制银行存款付款凭证。

付款凭证

贷方科目：银行存款　　　　2013 年 1 月 12 日　　　　付字第 1 号

摘　要	借方科目		金额	记账
	一级科目	二级或明细科目		
购买材料	材料采购	A 材料	④	
	应交税费	应交增值税	⑤	
合计			⑥	

会计主管　　记账　　稽核　　填制　　出纳　　领款人

（五）综合实务题

依例根据每笔会计分录，写出可能涉及的原始凭证。

序号	会 计 分 录	原始凭证
例	借：现金 　　贷：银行存款	现金支票存根
1	借：管理费用（购办公用品） 　　贷：银行存款	
2	借：物资采购（含有运杂费） 　　应交税金——应交增值税（进项税） 　　贷：银行存款	
3	借：银行存款 　　贷：主营业务收入 　　　　应交税金——应交增值税（销项税）	

续表

序号	会计分录	原始凭证
4	借：库存商品 　　贷：生产成本	
5	借：原材料 　　贷：待处理财产损溢	

第三部分 案例分析与讨论

1. 周芳2009年7月刚从某财经职业技术学院毕业，现担任江淮公司财务处出纳会计。2009年12月2日江淮公司收到银行收账通知单，收到南方公司上月欠款126 900元，12月5日，业务员王凯出差预借差旅费5 000元，周芳审核“借款单”后，以现金付讫。12月6日，周芳根据“工资结算表”，以现金87 596元发放公司员工工资。12月8日，该公司负责生产设计的李副经理持一张金额为1 260元的发票前来报销，发票上注明系樱花牌除油烟机。经周芳审核，发票上应填的内容齐全。12月12日，该公司何副董事长持一张金额为920元、开票日期为当年1月份的发票前来报销，并称这是当时出差回来后遗失而现在找到的发票。经周芳审核，发票应填的内容齐全，但发票日期恰为春节期间。12月19日，公司财务处处长和总账会计要一同外出开会，公司领导决定由周芳临时兼管总账会计。12月28日，公司下属某业务部门梁经理来财务处领取现金78 065元支票一张。周芳在填写支票时，将支票上的大写金额写成：柒万捌仟陆拾伍元。由于周芳是外地人，想利用元旦回家探亲，于是在12月29日就将手中所有的账结清，并将有关收据、银行对账单等装订成册，移交会计档案室。

请分析：

（1）上述经济业务发生后分别涉及哪些原始凭证？哪些是属于外来或自制凭证？

（2）李副经理和何副董事长的发票能否报销？为什么？

（3）根据会计基础工作规范的要求，周芳能否兼管总账会计？

（4）周芳填写的支票金额是否正确？如何正确填写？

（5）周芳为了探亲能否提前结账，并装订成册，移交会计档案室？

2. 江先生是东南公司的会计部经理，一次在会计复核时发现，会计小李丢了一张记账凭证（银行收款）。江先生在经过仔细审核原始凭证和银行对账单后，批评小李工作太马虎，同时让他重新编制一张记账凭证（银行收款）。另外一次江先生在复核时发现，会计小王编制的银行存款付款凭证所附3万元的现金支票存根丢失，同时发现还有几张现金付款凭证所附原始凭证与凭证所注张数不符。江先生马上让小王停止工作，并且与他一起回忆、追查这张支票的去向。小王对此非常不满，认为江经理小题大做，故意整他，偏向小李。你如何看待这件事？

第四部分　拓展训练

1. 利用网上资源，查阅“￥”符号之说。

2. 经济业务发生时，企业都会取得原始凭证，为什么还要根据原始凭证填制记账凭证？

第七章　会计账簿

第一部分　考点必会

第一节　会计账簿概述

考点一　会计账簿的概念与作用

1. 通过(　　)，可以将分散的凭证资料进行整理、归类和汇总，从而能系统、全面地提供一定时期经济业务的发生情况及其结果。

A. 设置和编制会计分录　　B. 设置和填制会计凭证

C. 设置和登记会计账簿　　D. 设置和编制财务报表

2. 会计账簿在会计核算中处于重要地位，是会计核算的(　　)。

A. 首要环节　　B. 最终环节

C. 基础环节　　D. 中间环节

考点二　会计账簿的基本内容

3. 下列选项中，属于账簿基本内容的有(　　)。

A. 封面　　B. 扉页

C. 底面　　D. 账页

考点三　会计账簿的分类

4. 账簿(　　)分为序时账簿、分类账簿和备查账簿。

A. 按其用途　　B. 按外表形式

C. 按账页格式　　D. 按登记的方式

5. 原材料明细账的账页格式一般采用(　　)。

A. 三栏式　　B. 多栏式

C. 数量金额式　　D. 活页式

6. 会计账簿按外形特征分类，可分为(　　)。

A. 多栏式账簿　　B. 订本式账簿

C. 活页式账簿　　D. 卡片式账簿

考点四　会计账簿与账户

7. 账簿与账户的关系是(　　)。

A. 整体与部分　　B. 主要与次要

C. 形式与内容　　D. 以上都不对

8. 账户分为左右两方，左方表示增加，右方表示减少。(　　)

第二节　会计账簿的内容、启用与记账规则

考点五　会计账簿的启用

9. 会计账簿启用登记表的填写要求是(　　)。

A. 填写启用日期和启用账簿的起止页数

B. 填写记账人员姓名和会计主管姓名并加盖签章

C. 加盖单位公章

D. 接办人、监交人的姓名、加盖公章

考点六　会计账簿的登记要求

10. 下列关于会计账簿记账规则的表述中，不正确的是(　　)。

A. 账簿中书写的文字和数字上面要留有适当空格、不要写满格，一般占1/2格

B. 各种账簿应按页次顺序连续登记，不得跳行、隔页

C. 没有余额的账户，应在“借或贷”栏内写“平”字，并在“余额”栏用“、/”表示

D. 账页记满时，应办理转页手续

11. 下列账簿记录中，可以使用红色墨水的有(　　)。

A. 结账　　B. 改错
C. 冲账　　D. 登记账户增加额

第三节 会计账簿的格式和登记方法

考点七　日记账的格式和登记方法

12. 从银行提取现金，登记库存现金日记账的依据是(　　)。
A. 库存现金收款凭证　　B. 银行存款收款凭证
C. 库存现金付款凭证　　D. 银行存款付款凭证
13. 下列登记银行存款日记账的方法中，正确的有(　　)。
A. 逐日逐笔登记并逐日结出余额
B. 根据企业在银行开立的账户和币种分别设置日记账
C. 使用订本账
D. 业务量少的单位用银行对账单代替日记账
14. 下列可作为现金日记账借方登记的依据的有(　　)。
A. 库存现金收款凭证　　B. 库存现金付款凭证
C. 银行存款收款凭证　　D. 银行存款付款凭证

考点八　总分类账的格式和登记方法

15. 在三栏式总分类账中，必须设有(　　)专栏。
A. 数量　　B. 金额
C. 借贷　　D. 对方科目

考点九　明细分类账的格式和登记方法

16. 明细账的格式有(　　)。
A. 三栏式　　B. 多栏式
C. 数量金额式　　D. 平行登记式
17. 下列关于明细账登记方法，表述正确的有(　　)。
A. 明细账根据记账凭证登记
B. 应收账款明细账应逐日逐笔登记
C. 原材料明细账可以汇总登记
D. 固定资产明细账应逐日逐笔登记

考点十　总分类账和明细分类账的平行登记

18. 将每一相关的业务登记在一行，从而可依据每一行各个栏目的登记是否齐全来判断该项业务进展情况的明细分类账格式属于(　　)。

A. 三栏式　　B. 多栏式

C. 数量金额式　　D. 平行登记式

19. 平行登记式明细分类账一般适用于登记材料采购业务、应收票据和一次性备用金业务。(　　)

第四节　对账与结账

考点十一　对账

20. 下列项目中，属于账证核对内容的是(　　)。

A. 会计账簿与记账凭证核对

B. 总分类账簿与所属明细分类账簿核对

C. 原始凭证与记账凭证核对

D. 银行存款日记账与银行对账单核对

21. 下列对账事项，属于账账核对的是(　　)。

A. 银行存款日记账与银行对账单的核对

B. 债权债务明细账与对方单位债务明细账的核对

C. 账簿记录与原始凭证的核对

D. 总分类账簿与所属明细分类账簿的核对

22. 各种应收、应付款项明细分类账的账面余额与有关债务人、债权人的相关账面金额核对，属于(　　)。

A. 账证核对　　B. 账账核对

C. 账实核对　　D. 账表核对

考点十二　结账

23. 下列有关结账方法的表述中，错误的是(　　)。

A. 月度结账时，应在各账户的最后一笔数字下，结出本月发生额和期末余额；在摘要栏内注明“本月合计”或“本月发生额及期末余额”字样，并在该行上、下划通栏单红线

B. 季度结账时，应结出本季度发生额合计数，在摘要栏内注明“本季累计”字样，并在该行下划通栏单线

C. 半年度结账时，应结出半年度发生额合计数，在摘要栏内注明“半年度累计”字样，并在该行下划通栏单红线

D. 年度结账时，应结出本年四个季度的发生额合计数，记入第四季度季结的下一行，在摘要栏内注明“本年累计”字样，并在该行下划通栏单红线，表示年末封账

24. 下列内容中，属于结账工作的有(　　)。

A. 结算有关账户的本期发生额及期末余额

B. 编制试算平衡表

C. 清点库存现金

D. 按照权责发生制对有关账项进行调整

第五节 错账更正方法

考点十三　错账查找方法

25. 适用于登记账簿时记错方向的错账查找方法是(　　)。

A. 除 2 法　　B. 除 9 法

C. 顺查法　　D. 逆查法

26. 某会计人员在记账时，将应计入“银行存款”科目借方的 6 500 元误记为 650 元。在下列方法中，会计人员查找该项错账时，应当采用的是(　　)。

A. 除 2 法　　B. 除 9 法

C. 差数法　　D. 尾数法

考点十四　错账更正方法

27. 划线更正法更正账簿中的错误数字时，应(　　)。

A. 用一条蓝线将整个数字全部划掉

B. 用多条红线将整个数字全部划掉

C. 用一条红线将有错误的数字划掉

D. 用一条红线将整个数字全部划掉

28. 某企业通过银行收回应收账款 8 000 元，在填制记账凭证时，误将金额记为 6 000 元，并已登记入账。当年发现记账错误，更正时应采用的更正方法

是(　　)。

A. 重编正确的收款凭证　　B. 划线更正法

C. 红字更正法　　D. 补充登记法

29. 下列各种工作的错误中，应当用红字更正法予以更正的是(　　)。

A. 在登记账簿时将256元误记为265元，记账凭证正确无误

B. 在填制记账凭证时，误将“应收账款”科目填写“应付账款”，并已登记入账

C. 在填制记账凭证时，误将3 000元填作300元，尚未入账

D. 记账凭证中的借贷方向用错，并已入账

第六节 会计账簿的更换与保管

考点十五 会计账簿的更换与保管

30. 下列关于会计账簿的更换和保管，正确的有(　　)。

A. 总账、日记账和多数明细账每年更换一次

B. 变动较小的明细账可以连续使用，不必每年更换

C. 备查账不可以连续使用

D. 会计账簿由本单位财务会计部门保管半年后，交由本单位档案管理部门保管

第二部分 过关必练

（一）单项选择题

1. 下列关于账簿的表述，错误的是(　　)。

A. 账簿可以为定期编制会计报表提供资料

B. 登记账簿是会计核算的一种重要方法

C. 总账可以提供每一项交易的发生日期

D. 账簿是考核企业经营成果、加强经济核算的重要依据

2. 下列明细分类账，应采用多栏式账页格式的是(　　)。

A. 生产成本明细账　　B. 原材料明细账

C. 其他应收款明细账　　D. 应收账款明细账

3. “应交税费——应交增值税”明细账应采用的格式是(　　)。

A. 借方多栏式　　B. 贷方多栏式

C. 借方贷方多栏式　　D. 三栏式

4. 下列明细分类账中，可以采用三栏式账页格式的是(　　)。

A. 管理费用明细账　　B. 原材料明细账

C. 物资采购明细账　　D. 应付工资明细账

5. 序时账、分类账和备查账划分的依据是(　　)。

A. 账页的格式不同　　B. 外表形式不同

C. 账簿的用途不同　　D. 登记方式不同

6. 下列四类账簿中，不是依据记账凭证登记的是(　　)。

A. 明细账　　B. 总账

C. 日记账　　D. 备查账

7. 从账户的用途来看，“固定资产卡片账”属于(　　)。

A. 订本式账簿　　B. 备查账簿

C. 序时账簿　　D. 分类账簿

8. 在启用之前就已将账页装订在一起，并对账页进行了连续编号的账簿是(　　)。

A. 活页账　　B. 订本账

C. 卡片账　　D. 明细账

9. 对全部经济业务事项按照会计要素的具体类别而设置的分类账户进行登记账簿，称为(　　)。

A. 备查账簿　　B. 序时账簿

C. 分类账簿　　D. 三栏式账簿

10. 可采取数量金额式的有(　　)。

A. 生产成本明细账　　B. 库存商品明细账

C. 物资采购明细账　　D. 主营业务成本明细账

11. 固定资产明细账一般采用(　　)。

A. 平行式账簿　　B. 活页式账簿

C. 订本式账簿　　D. 卡片式账簿

12. 明细账从账簿的外表上看一般采用(　　)。

A. 订本式　　B. 活页式

C. 卡片式　　D. 多栏式

13.“生产成本”“制造费用”明细分类账户，一般使用的账簿格式是(　　)。

A. 多栏式账簿　　B. 数量金额式账簿

C. 平行登记式账簿　　D. 三栏式账簿

14. 收入、费用明细分类账一般采用(　　)。

A. 两栏式账簿　　B. 多栏式账簿

C. 三栏式账簿　　D. 数量金额式账簿

15. 下列各项中应采用订本账账簿的是(　　)。

A. 应收账款明细账　　B. 银行存款日记账

C. 应付账款明细账　　D. 原材料明细账

16. 下列有关订本式账簿的说法，不正确的是(　　)。

A. 在同一时间内只能由一人登账　　B. 不便于会计人员分工协作开展记账

C. 也不利于使用计算机记账　　D. 有利于防止浪费

17. (　　)注明各个账户所在页次。

A. 科目目录　　B. 账户目录

C. 摘要栏　　D. 账户名称

18. 登记账簿时如果出现跳行，那么正确的处理方法是(　　)。

A. 用蓝色墨水划线注销

B. 用红色墨水注销

C. 用红色墨水划线，注明“此行空白”

D. 用红色墨水划线，注明“此行空白”，并由记账人员签名或盖章

19. 账簿中书写的文字和数字应占格距的(　　)。

A. 1/2　　B. 2/3

C. 1/3　　D. 1/4

20. 在登记账簿时，如果经济业务发生日期为2012年11月12日，编制记账凭证日期为11月16日，登记账簿日期为11月17日，则账簿中的“日期”栏登记的时间为(　　)。

A. 11月12日　　B. 11月16日

C. 11月17日　　D. 11月16日或1月17日

21. 关于银行存款日记账，下列说法中，不正确的是(　　)。

A. 按不同银行、币种分别设置

B. 按业务发生时间先后次序逐日逐笔登记

C. 根据审核无误的银行收、付款凭证及现金收、付款凭证登记

D. 应定期与银行对账单核对

22. 某企业现金日记账期初余额为3 500元。当月从开户银行提取现金3次，每次均为5 000元。当月有关收支明细：支付出差人员预支差旅费1 500元；取得零星销货款1 170元，当即存入银行；以现金支付运输费3次，分别为300元、500元和800元；零星报销费用共计1 500元，以信用卡支付；职工出差报销交回剩余借款250元；以现金发放工资10 000元。期末企业现金日记账余额为(　　)元。

A. 1 820　　B. 5 400

C. 6 820　　D. 5 650

23. 下列各项，(　　)的单位不宜设置普通日记账。

A. 规模较大，业务量较多但较为简单

B. 规模较大，业务量较多且较复杂

C. 规模较小，业务量较少

D. 规模较小，业务量较多但较为简单

24. 三栏式库存现金日记账、银行存款日记账的登记处理，不正确的是(　　)。

A. 均由出纳员负责登记　　B. 逐日逐笔顺序登记

C. 每日结出余额，以便进行核对　　D. 根据收付款业务的原始凭证登记

25. 编制会计报表的主要依据是(　　)提供的核算信息。

A. 日记账　　B. 分类账簿

C. 备查账簿　　D. 科目汇总表

26. 下列各明细分类账中，可以采用定期汇总登记方式的是(　　)。

A. 固定资产　　B. 预付账款

C. 预收账款　　D. 库存商品

27. 下列无须设置明细账户进行核算的是(　　)。

A. 应付账款　　B. 实收资本

C. 累计折旧　　D. 原材料

28. 根据明细分类账的登记方法，下列明细账中应该逐日逐笔登记的是(　　)。

A. 收入明细账　　B. 材料明细账

C. 固定资产明细账　　D. 费用明细账

29. 按照平行登记法的原则，发生的经济业务在相关的总账和明细账的登记方法是(　　)。

A. 根据总账登记明细账　　B. 根据明细账登记总账

C. 先记总账后记明细账　　　　D. 根据相同的原始依据各自独立登记

30. 对账即核对账目，其主要内容包括(　　)等方面。

A. 账实核对、账表核对、账账核对　B. 账账核对、账证核对、账表核对

C. 账账核对、账证核对、表表核对　D. 账证核对、账账核对、账实核对

31. 下列各项对账工作中，不属于账账核对的是(　　)。

A. 总账账户的借方发生额合计数与其所属明细分类账账户的借方发生额合计数的核对

B. 总账账户的贷方发生额合计数与其所属明细分类账账户的贷方发生额合计数的核对

C. 银行存款日记账的余额与银行对账单余额的核对

D. 现金日记账的余额与现金总账的余额核对

32. 下列各项中，可以用蓝笔书写进行更正的是(　　)。

A. 账簿记录有误，而记账凭证无误

B. 会计科目、借贷方向有错误而导致的账簿记录错误

C. 会计科目、借贷方向无误，但所记金额大于应记金额的

D. 会计科目、记账方向均正确，但所记金额小于应记金额的

33. 登账后发现，会计人员在分配工资费用时，将车间管理人员的工资计入了“管理费用”科目。此时应采用的更正方法是(　　)。

A. 划线更正法　　　　B. 红字更正法

C. 补充登记法　　　　D. 编制相反分录冲减

34. 企业开出转账支票1 790元购买办公用品，编制记账凭证时，误记金额为1 970元，科目及方向无误并已记账，应采用的更正方法是(　　)。

A. 补充登记180元　　　　B. 红字冲销180元

C. 在凭证中划线更正　　　　D. 把错误凭证撕掉重编

35. 某会计人员在填制凭证时，误将50 000元写成5 000元，科目、方向正确无误，并已入账，月底结账时发现错误，正确的更正方法是(　　)。

A. 划线更正法　　　　B. 还原更正法

C. 补充登记法　　　　D. 冲销法

36. 根据记账凭证登账，误将100元记为1 000元，应采用(　　)进行更正。

A. 红字更正法　　　　B. 补充登记法

C. 划线更正法　　　　D. 平行登记法

37. 年终结账，将余额结转下年时(　　)。

A. 不需要编制记账凭证，但应将上年账户的余额反向结平才能结转下年

B. 应编制记账凭证，并将上年账户的余额反向结平

C. 不需要编制记账凭证，也不需要将上年账户的余额结平，直接注明“结转下年”即可

D. 应编制记账凭证予以结转，但不需要将上年账户的余额反向结平

38. 需要结计本年累计发生额的账户，结计“过次页”的合计数为(　　)。

A. 自年初起至本日止累计数　　B. 自年初起至本页末止累计数

C. 自月初至本页末止累计数　　D. 自本页初至本年末止累计数

39. 年终结账后，可以跨年度连续使用，不必每年更换(　　)。

A. 固定资产总账　　B. 固定资产明细账

C. 库存现金总账　　D. 库存现金日记账

40. 下列各项中，不符合账簿平时管理的具体要求的有(　　)。

A. 各种账簿应分工明确，指定专人管理

B. 会计账簿只允许在财务室内随意翻阅查看

C. 会计账簿除需要与外单位核对外，一般不能携带外出

D. 账簿不能随意交与其他人员管理

41. 库存现金盘点时发现账面余额和实存金额相差 45 元，通过查找发现有可能的记账错误是(　　)。

A. 将 59 误记为 95　　B. 将 38 误记为 83

C. 将 71 误记为 17　　D. 将 92 误记为 29

42. 除 2 法是指以差错数除以 2，用得出的商数来查找(　　)的数字。

A. 错位差错　　B. 邻数颠倒

C. 记错方向　　D. 重记差错

43. 现金和银行存款日记账属于(　　)。

A. 备查账簿　　B. 序时账簿

C. 分类账簿　　D. 订本账簿

44. 总分类账簿应采用(　　)。

A. 活页账簿　　B. 卡片账簿

C. 订本账簿　　D. 备查账簿

45. 材料明细账的外表形式一般采用(　　)。

A. 订本式　　B. 活页式

C. 三栏式　　D. 多栏式

46. 固定资产明细账的外表形式一般采用(　　)。

A. 三栏式　　B. 数量金额式

C. 多栏式　　D. 卡片式

47. 多栏式银行存款日记账属于(　　)。

A. 总分类账　　B. 明细分类账

C. 序时账　　D. 备查账

48. 对于从银行提取现金的业务登记账现金日记账的依据是(　　)。

A. 现金收款凭证　　B. 现金付款凭证

C. 银行存款收款凭证　　D. 银行存款付款凭证

49. 对于将现金存入银行的业务登记账银行存款日记账的依据是(　　)。

A. 银行存款收款凭证　　B. 银行存款付款凭证

C. 现金收款凭证　　D. 现金付款凭证

50. 应收账款明细账一般采用的格式是(　　)。

A. 三栏式　　B. 数量金额式

C. 多栏式　　D. 任意一种明细账格式

51. 新的会计年度开始，启用新账时，可以继续使用，不必更换新账的有(　　)。

A. 总分类账　　B. 银行存款日记账

C. 固定资产卡片　　D. 管理费用明细账

52. 会计人员在结账前发现，在根据记账凭证登记入账时，误将600元写成6 000元，而记账凭证无误，应采用(　　)进行更正。

A. 补充登记法　　B. 划线登记法

C. 红字更正法　　D. 横线登记法

53. 记账以后，发现记账凭证中的应借、应贷会计科目有错误，应采用(　　)进行更正。

A. 划线更正法　　B. 红字更正法

C. 平行登记法　　D. 补充登记法

54. 记账以后，发现记账凭证和账簿的所记账金额小于应记金额，而应借、应贷的会计科目并无错误，应采用(　　)进行更正。

A. 划线更正法　　B. 余额调整

C. 红字更正法　　D. 补充登记法

55. 发现记账凭证中的会计科目和应借应贷方向未错，但所记金额大于应记金额，并据以登记入账，应采用(　　)进行更正。

A. 划线更正法　　B. 补充登记账法

C. 红字更正法　　D. 平行登记法

56. 下列做法中，不符合会计账簿的记账规则的是(　　)。

A. 账簿中书写的文字和数字一般应占格距的1/2

B. 登记账簿后在记账凭证上注明已经登账符号

C. 使用圆珠笔登账

D. 特殊记账使用红色墨水

57. 下列项目中，不能作为登记总分类账依据的是(　　)。

A. 原始凭证　　B. 记账凭证

C. 汇总记账凭证　　D. 科目汇总表

58. 在结账前发现记账凭证填制无误，而账簿记录上有文字或数字错误时应采用(　　)进行更正。

A. 划线更正法　　B. 红字更正法

C. 补充登记法　　D. 平行登记法

59. 下列明细分类账中，一般不宜采用三栏式账页格式的是(　　)。

A. 应收账款明细账　　B. 预付账款明细账

C. 资本公积明细账　　D. 库存商品明细账

60. 从银行提取现金业务，登记现金日记账时依据的是(　　)。

A. 现金收款凭证　　B. 现金付款凭证

C. 银行存款收款凭证　　D. 银行存款付款凭证

61. 总分类账、现金日记账和银行存款日记账的外表形式应采用(　　)。

A. 订本式　　B. 活页式

C. 卡片式　　D. 三栏式

62. 会计账簿在年度终了后可暂由本单位财务会计部门保管(　　)，期满后应由财务会计部门移交本单位档案部门保管。

A. 一年　　B. 三年

C. 五年　　D. 十年

63. 记账后在当年年内发现记账凭证中应借、应贷会计科目名称错误，从而引起记账错误的，应采用(　　)进行更正。

A. 划线更正法　　B. 红字更正法

C. 补充登记法　　D. 平行登记法

64. 下列账簿中，一般采用活页账形式的是(　　)。

A. 日记账　　B. 总分类账

C. 明细分类账　　D. 备查账

65. 下列不属于账账核对的是(　　)。

A. 总分类账之间的核对

B. 总分类账与所属明细分类账之间的核对

C. 总分类账与日记账之间的核对

D. 会计账簿与原始凭证之间的核对

（二）多项选择题

1. 下列各项中，属于会计账簿的主要分类标准的有(　　)。

A. 用途　　B. 账页格式

C. 外形特征　　D. 金额

2. 活页账的主要优点有(　　)。

A. 可以根据实际需要随时插入空白账页

B. 可以防止账页散失

C. 可以防止记账错误

D. 便于分工记账

3. 下列关于备查账簿的说法中，正确的有(　　)。

A. 备查账簿是对某些在序时账簿和分类账簿等主要账簿中都不予登记或登记不够详细的经济业务事项用文字进行补充登记时使用的账簿

B. 备查账簿不是根据会计凭证登记的账簿

C. 备查账簿没有固定的格式

D. 备查账簿通常依据会计科目登记

4. 订本账一般适用于(　　)。

A. 总分类账　　B. 库存现金日记账

C. 银行存款日记账　　D. 明细分类账

5. 下列关于账簿与账户的关系表述中，正确的有(　　)。

A. 账户存在于账簿之中，没有账簿，账户就无法存在

B. 账簿存在于账户之中，没有账户，账簿就无法存在

C. 账户只是一个外在形式，账簿才是它的真实内容

D. 账簿只是一个外在形式，账户才是它的真实内容

6. 登记账簿的基本要求包括(　　)等内容。

A. 根据审核无误的会计凭证登记账簿

B. 用蓝黑和碳素墨水书写，不得用圆珠笔或铅笔书写

C. 不得用红色墨水记账

D. 按顺序连续登记，不得跳行、隔页

7. 银行存款日记账可以采用的账页格式有(　　)。

A. 三栏式　　B. 多栏式

C. 数量金额式　　D. 平行登记式

8. 下列各项中，关于特种日记账的表述正确的有(　　)。

A. 特种日记账可以汇总登记同一类经济业务事项

B. 特种日记账的汇总金额可以记入分类账，减少记账工作

C. 特种日记账有利于会计人员分工记账

D. 特种日记账可以提高工作效率

9. 序时账簿可以分为(　　)。

A. 普通日记账　　B. 特种日记账

C. 总分类账　　D. 明细分类账

10. 三栏式银行存款日记账的登记内容包括(　　)。

A. 日期栏　　B. 凭证号码栏

C. 摘要栏　　D. 对方科目栏

11. 关于总分类账户与明细分类账户，下列说法中正确的有(　　)。

A. 总分类账户提供交易或事项综合性的价值指标

B. 明细分类账户只能提供数量指标

C. 总分类账户具有统驭控制作用

D. 明细分类账户具有补充说明作用

12. 不同类型经济业务的明细分类账，可根据管理需要，依据(　　)逐日逐笔登记或定期汇总登记。

A. 记账凭证　　B. 科目汇总表

C. 汇总记账凭证　　D. 汇总原始凭证

13. 为减少栏次，(　　)科目的明细账也可以只按借方发生额设专栏。

A. 资产　　B. 成本

C. 费用　　D. 负债

14. 账实核对的内容主要包括(　　)。

A. 账簿记录与实物核对相符

B. 银行存款日记账与银行对账单核对相符

C. 库存现金日记账的余额与实际库存现金核对相符

D. 应收、应付款项余额与债务、债权方核对相符

15. 以下内容中，属于对账范围的有(　　)。

A. 账簿记录与有关会计凭证的核对

B. 库存商品明细账余额与库存商品的核对

C. 日记账余额与有关总分类账户余额的核对

D. 账簿记录与报表记录的核对

16. 账证核对指的是核对会计账簿记录与原始凭证、记账凭证的(　　)等是否一致，记账方向是否相符。

A. 时间　　　　　　　　　　B. 凭证字号

C. 内容　　　　　　　　　　D. 金额

17. 收回货款2 500元存入银行，记账凭证的记录为：借：库存现金2 500，贷：其他应收款2 500，并已登记入账。更正时需要作的会计分录包括(　　)。

A. 用蓝字金额借记“库存现金”账户2 500元，贷记“其他应收款”账户2 500元

B. 用红字金额借记“银行存款”账户2 500元，贷记“其他应收款”账户2 500元

C. 用红字金额借记“库存现金”账户2 500元，贷记“其他应收款”账户2 500元

D. 用蓝字金额借记“银行存款”账户2 500元，贷记“应收账款”账户2 500元

18. 发生销售费用5 000元，在填制记账凭证时误写为50 000元，并已登记入账，可以采用的正确更正方法是(　　)。

A. 在记账凭证和账簿上同时采用划线更正法更正

B. 直接撕毁原错误记账凭证，填制一张正确的记账凭证

C. 先填制一张与原错误凭证相同的红字凭证，再填制一张正确的蓝字凭证

D. 填制一张科目相同，金额为45 000元的红字凭证冲减错误金额

19. 下列说法正确的是(　　)。

A. 凡需要结出余额的账户，结出余额后，应当在“借或贷”栏内注明“借”或“贷”字样

B. 没有余额的账户，应当“借或贷”栏内写“—”

C. 库存现金日记账必须逐日结出余额

D. 银行存款日记账必须逐日结出余额

20. 下列结账方法正确的有(　　)。

A. 对于不需要按月结计发生额的账户，每月最后一笔余额即为月末余额。月末结账时，只需要在最后一笔经济业务记录之下通栏划单红线

B. 结账时，可以不附原始凭证

C. 账户在年终结账时，在“本年合计”栏下通栏划双红线

D. 现金、银行存款日记账，每月结账时，在摘要栏注明“本月合计”字样，并在下面通栏划双红线

21. 以下说法正确的有(　　)。

A. 一总账账户平时只需结出月末余额

B. 年度终了记账时，有余额的账户，要将其余额结转下年

C. 对不需要按月结计本期发生额的账户，每月最后一笔余额为月末余额

D. 现金日记账需要按月结计发生额

22. 关于登记库存现金日记账（三栏式日记账）的做法，下列各项中，正确的有（　）。

A. 记账凭证的日期，应与库存现金实际收、付日期一致

B. 凭证栏应登记凭证的编号数，以便查账和核对

C. 摘要说明登记入账的经济业务事项的内容，应以简练的文字清楚地说明问题

D. 每月终了，应分别计算库存现金收入和库存现金支出的合计数，结出余额，同时将余额和出纳员的库存现金核对

23. 某单位 2013 年 6 月 3 日现金日记账的余额大于实地盘点数，导致账实不符的原因可能有（　　）。

A. 记账时将相邻两位数字记颠倒　　B. 记账时将相邻三位数字记颠倒

C. 记账时以小记大的错位差错　　D. 记账时以大记小的错位差错

24. 下列错账适用于"除 9 法"查找的有（　）。

A. 发生角、分的差错　　B. 将 50 000 元写成 5 000 元

C. 将 700 元写成 7 000 元　　D. 将 86 000 元写成 68 000 元

25. 账簿按其用途分为（　）。

A. 订本式账簿　　B. 序时账簿

C. 分类账簿　　D. 备查账簿

26. 账簿按其外表形式分为（　　）。

A. 订本式账簿　　B. 序时账簿

C. 卡片式账簿　　D. 活页式账簿

27. 对账的主要内容包括（　　）。

A. 账簿资料的内容核对　　B. 账证核对

C. 账账核对　　D. 账实核对

28. 下列属于更正错账的方法有（　　）。

A. 补充登记法　　B. 余额调整法

C. 划线更正法　　D. 明细分类账簿

29. 任何会计主体都必须设置的账簿有（　　）。

A. 日记账　　B. 辅助账簿

C. 总分类账簿　　D. 明细分类账簿

30. 银行存款日记账借方的登记依据有（　　）。

A. 现金收款凭证　　B. 现金付款凭证

C. 银行存款收款凭证　　D. 银行存款付款凭证

31. 现金日记账的借方登记的依据是( )。

A. 现金收款凭证　　B. 现金付款凭证

C. 银行存款收款凭证　　D. 银行存款付款凭证

32. 关于账簿的启用，下列说法正确的有( )。

A. 启用时，应详细登记账簿扉页的“账簿启用和经管人员一览表”

B. 每一本账簿均应编号并详细记录其册数，共计页数和启用日期

C. 调换记账人员，便应立即换用账簿

D. 账簿交接时，会计主管人员应该监交，并签章。

33. 现金、银行存款日记账的账页格式主要有( )。

A. 三栏式　　B. 多栏式

C. 订本式　　D. 数量金额式

34. 明细分类账可以根据( )登记账。

A. 原始凭证　　B. 汇总原始凭证

C. 累计凭证　　D. 记账凭证

35. 数量金额式明细分类账的账页格式适用于( )。

A. “产成品”科目　　B. “生产成本”科目

C. “应收账款”科目　　D. “材料”科目

36. 在账簿记账录中，红笔只能用于( )。

A. 采用红字更正，冲销错误记录

B. 在不设借方或贷方专栏的多栏式账页中，登记账减少金额

C. 期末结账时，划通栏红线

D. 三栏式账户的余额栏前，如果未说明余额方向，在余额栏内登记账负数余额

37. 可以采用三栏式账页格式的账簿有( )。

A. 现金日记账　　B. 预付账款明细账

C. 材料明细账　　D. 总分类账

38. 账账相符是指( )。

A. 账簿记录与记账凭证相符

B. 全部总账的借方发生额合计与贷方发生额合计相符

C. 总账余额与其所属明细账余额相符

D. 现金、银行存款总账与现金日记账、银行存款日记账余额相符

39. 现金日记账是根据( )，按经济业务发生的先后顺序进行登记的。

A. 现金收款凭证　　B. 现金付款凭证

C. 银行收款凭证　　　　　　　　D. 银行付款凭证

40. 下列账簿记录的书写方法正确的是(　　)。

A. 用蓝黑墨水或碳素墨水书写

B. 用红色墨水冲销错账

C. 在不设借贷栏的多栏式账页中用红色墨水登记减少数

D. 用圆珠笔书写

41. 下列明细分类账中，可以采用数量金额式账页的有(　　)。

A. 库存商品明细账　　　　　　　B. 收入明细账

C. 实收资本明细账　　　　　　　D. 原材料明细账

42. 账簿根据用途可分为(　　)。

A. 序时账簿　　　　　　　　　　B. 分类账簿

C. 备查账簿　　　　　　　　　　D. 三栏式账簿

43. 下列项目中属于总账与明细账平行登记要点的有(　　)。

A. 所依据的会计凭证相同

B. 计入总账的方向与计入所属明细账的方向相同

C. 所属会计期间相同

D. 计入总账的金额与计入所属明细账金额的合计相等

44. 下列项目中属于对账范围的有(　　)。

A. 账簿记录与有关原始凭证的核对

B. 原材料明细账余额与原材料实物的核对

C. 日记账余额与有关总分类账余额的核对

D. 账簿记录与有关报表的核对

45. 记账后发现记账凭证中应借、应贷会计科目正确，只是金额发生错误，从而引起记账错误的，可采用的错账更正方法是(　　)。

A. 划线更正法　　　　　　　　　B. 红字更正法

C. 补充登记法　　　　　　　　　D. 横线登记法

46. 总分类账户与其所属的明细分类账户平行登记的结果，必然是(　　)。

A. 总分类账户期初余额 = 所属明细分类账户期初余额之和

B. 总分类账户期末余额 = 所属明细分类账户期末余额之和

C. 总分类账户本期借方发生额 = 所属明细分类账户本期借方发生额之和

D. 总分类账户本期贷方发生额 = 所属明细分类账户本期贷方发生额之和

47. 对账的内容一般包括(　　)。

A. 账证核对　　　　　　　　　　B. 账账核对

C. 账实核对　　　　　　　　　　D. 账表核对

48. 以下账簿需要在每年年初更换新账的是( )。

A. 总分类账　　B. 现金日记账

C. 银行存款日记账　　D. 固定资产卡片账

(三) 判断题

1. 通过登记账簿，可以有效地、经常地实行会计监督，为经济管理提供真实可靠的原始数据资料。( )

2. 会计账簿的记录是编制会计报表的前提和依据，也是检查、分析和控制单位经济活动的重要依据。( )

3. 活页账的页数不固定，使用前以及使用后不加以装订，可根据实际需要进行添加。( )

4. 备查账也称辅助账，与其他账簿之间不存在相互依存和勾稽关系。( )

5. 账户存在于账簿之中，账簿中的每一账页就是账户的存在形式和载体，没有账簿，账户就无法存在。( )

6. 账簿的扉页主要载明“账簿启用及交接表”以及“账户目录”。( )

7. 记账人员根据记账凭证记账后，“记账符号”栏内作“、/”记号，表示该笔金额已计入有关账户，以免漏记或重记。( )

8. 会计核算中，红笔一般只在划线、改错、冲账和表示负数金额时使用。( )

9. 任何情况下都不会出现用圆珠笔登记账簿的情况。( )

10. 登记总分类账的直接依据只能是记账凭证。( )

11. 现金收付业务较少的单位，不必单独设置现金日记账，可以银行对账单或其他方法代替现金日记账，以简化核算。( )

12. 银行存款日记账应按企业在银行开立的账户的币种分别设置。( )

13. 实际工作中，无论是设置三栏式还是多栏式，一般还应在银行存款日记账的适当位置增加一栏“结算凭证”。( )

14. 总分类账一般采用订本式的三栏式账页。( )

15. 总分类账提供总括核算资料，所以不是序时登记经济业务。( )

16. 为了保证总账与其所属明细账的记录相符，总账应根据所属明细账记录逐笔或汇总登记。( )

17. 总分类账和明细分类账登记的经济业务的内容是相同的，作用也是相同的，只是详细层次上不一样而已。( )

18. 总账账户平时既需结计月末余额，也需结计本月发生额。( )

19. 三栏式账簿是指具有日期、摘要、金额三个栏目格式的账簿。(　　)

20. 一般情况下，在途物资明细账中，如果同一行内借方、贷方均有记录且金额相等，则说明该项交易已处理完毕，采购的材料已全部验收入库。(　　)

21. 原材料明细账的每一账页登记完毕结转下页时，若无需掌控发生额，可以只将每页末的余额结转次页，不必将本页的发生额结转次页。(　　)

22. 材料明细账一般是由会计人员根据审核无误的记账凭证逐日逐笔登记。(　　)

23. 存货的收发明细账以及收入、费用明细账既可以逐笔登记，也可定期汇总登记。(　　)

24. 三栏式明细分类账适用于只进行金额核算而不需要进行数量核算的明细分类账。(　　)

25. 总分类账户期初余额与其所属明细分类账的期初余额合计数有时会不一致。(　　)

26. 根据总账与明细账平行登记的要求对每项经济业务在同一会计期间分别计入总账及其所属明细账。(　　)

27. 通过平行登记，可以使总分类账户与其所属明细分类账户保持统驭关系，便于核对与检查，纠正错误与遗漏。(　　)

28. 对账就是核对账目，即对各种会计账簿之间相对应的记录进行核对。(　　)

29. 任何单位，对账工作每年至少一次。(　　)

30. 由于记账凭证错误而造成的账簿记录错误，应采用划线更正法进行更正。(　　)

31. 采用划线更正法时，应仅仅划去错误的文字或数字并更正为正确的文字或数字。(　　)

32. 已经登记入账的记账凭证，在当年内发现科目、金额有误，可以用红字填写一张与原内容相同的记账凭证，在摘要栏注明“冲销某月某日某号凭证”字样，再用蓝字做一张正确记账凭证登记入账。(　　)

33. 月末结账时对不需要按月结记本期发生额的账户，如各项应收账款明细账等，只需要在最后一笔经济业务记录之下划一单红线，不需要再结记一次余额。(　　)

34. 总分类账户平时不必每日结出余额，只需每月结出月末余额。(　　)

35. 账页记满时，可以将本页合计数及金额只写在下页第一行有关栏内，并在摘要栏内注明“承前页”，以保持记账的衔接连续性。(　　)

36. 对既不需要结计本月发生额也不需要结计本年累计发生额的账户，可以

只将每页末的余额结转次页。(   )

37. 对需按月结计本期发生额，但不需结计本年累计发生额的账户，月末结账时，只需在最后一笔经济业务事项记录之下通栏划单红线，不需要再结计一次余额。(   )

38. 在年度开始，启用新账簿时，为了保证年度之间账簿记录的相互衔接，应把上年度的年末余额，记入新账的第一行，并在摘要栏中注明“本年结转”或者“年初余额”字样。(   )

39. 会计人员必须在年度结束后，将各种活页账簿连同“账簿启用及交接表”装订成册，加上封面，统一编号，与各种订本式账簿一起归档保管。(   )

40. 年度结账后，对于发生额很少的总账，不必更换新账。(   )

41. 出纳人员在登记账簿时误将 560 元记为 506 元，其差错数应当通过除 2 法来查找错误。(   )

42. 现金日记账和银行存款日记账，必须采用订本式账簿。(   )

43. 序时账簿就是现金日记账和银行存款日记账。(   )

44. 为了实行钱账分管原则，通常由出纳人员填制收款凭证和付款凭证，由会计人员登记现金日记账和银行存款日记账。(   )

45. 多栏式明细分类账，一般适用于成本费用、收入和利润三类会计科目的明细分类账。(   )

46. 各种明细账的登记依据，既可以是原始凭证、汇总原始凭证，也可以是记账凭证。(   )

47. 对于“材料”账户的明细分类账，应采用多栏式账簿。(   )

48. 登记账簿要用蓝黑墨水钢笔或蓝黑圆珠笔书写，不得使用铅笔书写。(   )

49. 总分类账户与其所属明细分类账户平行登记账，总分类账本期发生额与其所属明细分类账本期发生额之和相等。(   )

50. 在填制记账凭证时，将 9 800 元记账为 8 900 元并已登记入账。月终结账前发现错误，更正时应采用划线更正法。(   )

51. 结账就是结算、登记每个账户的期末余额工作。(   )

52. 新的会计年度开始时，必须更换全部账簿，不能只换总分类账、现金日记账和银行存款日记账。(   )

53. 账簿是重要的经济档案和历史资料，必须长期保存，不得销毁。(   )

54. 补充登记账法和红字更正法都是对反映经济业务的原始凭证、记账凭证和账簿进行更正。(   )

55. 记账除结账、改错和冲销账簿以外，不得用红色墨水。(　　)

56. 每一个经济单位都必须设置总分类账和现金、银行存款日记账以及备查账簿。(　　)

57. 现金日记账和银行存款日记账不论是采用三栏式还是多栏式账页，都应由出纳人员逐日逐笔顺序登记。(　　)

58. 总分类账户和所属明细分类账户进行平行登记时，必须在同一天内登记。(　　)

59. 对账的内容一般包括账证核对、账账核对、账实核对和账表核对。(　　)

60. 银行存款日记账的余额定期与银行对账单的核对属于账账核对。(　　)

61. 为了使账簿记录清晰有效，除更正错账外，一律不得使用红色墨水记账。(　　)

62. 明细账除可采用活页账外表形式外，还可采用卡片账外表形式。(　　)

63. 序时账、分类账和备查簿都必须直接根据记账凭证登记。(　　)

64. 备查账簿不必每年更换新账，可以连续使用。(　　)

65. 会计人员在记账以后，若发现所依据的记账凭证中的应借、应贷会计科目有错误，应采用红字更正法进行更正。(　　)

66. 年终结账时，对于有余额的账户应将其余额直接计入新账余额栏内，不需要编制记账凭证。(　　)

(四) 计算分析题

1. 某企业 2013 年 1 月发生的经济业务及登记的总分类账和明细分类账如下。

总分类账户

会计科目：应付账款　　　　　　　　　　　　　　　　　　单位：元

2013 年		凭证编号	摘要	借方	贷方	借或贷	余额
月	日						
1	1	(略)	月初余额			贷	36 000
	3		购入材料		28 800	贷	64 800
	6		购入材料		(1)	贷	84 800
	21		归还前欠贷款	(2)		贷	(3)
	31		本月合计			贷	

应付账款明细分类账户

会计科目：A 企业　　　　　　　　　　　　　　　　　　　　　　单位：元

2013 年		凭证编号	摘要	借方	贷方	借或贷	余额
月	日						
1	1	（略）	月初余额			贷	（4）
	3		购入材料		（5）	贷	54 800
	21		归还前欠贷款	30 000		贷	24 800
	31		本月合计			贷	

（1）3 日，向 A 企业购入甲材料 800 千克，单价 22 元/千克，价款 17 600 元；购入乙材料 700 千克，单价 16 元/千克，价款 11 200 元。货物已验收入库，款项尚未支付。（不考虑增值税，下同）

（2）6 日，向 B 企业购入丙材料 1 000 千克，单价 20 元/千克，货物已验收入库，款项尚未支付。

（3）12 日，生产车间为生产产品领用材料，其中领用甲材料 1 200 千克，单价 22 元/千克；领用乙材料 1 100 千克，单价 16 元/千克。

（4）21 日，向 A 企业偿还前欠货款 30 000 元，向 B 企业偿还前欠货款 10 000元，用银行存款支付。

（5）25 日，向 A 企业购入乙材料 1 100 千克，单价 16 元/千克，价款已用银行存款支付，货物同时验收入库。

要求：根据资料和总分类账和明细分类账的勾稽关系，将总分类和明细分类账中空缺的数字填上。

2. 蓝天公司会计人员在结账前进行对账，发现企业所做的部分账务处理如下：

预付原材料 40 000 元，款项以银行存款支付，编制的会计分类处理为：

借：应付账款　　40 000

　　贷：银行存款　　40 000

用银行存款预付建造固定资产的工程价款 60 000 元，编制的会计分录为：

借：固定资产　　60 000

　　贷：库存现金　　60 000

用现金支付职工生活困难补助 7 000 元，编制的会计分类为：

借：管理费用　　7 000

　　贷：库存现金　　7 000

计提车间生产固定资产折旧 4 500 元，编制的会计分录为：

借：制造费用　　45 000

　　贷：累计折旧　　45 000

用现金支付工人工资 65 000 元，编制的会计分录为：

借：应付职工薪酬　　65 000

　　贷：库存现金　　6 500

要求：上述企业原账务处理在科目或金额上存在错误，请编制各项业务正确的会计分录。

（五）填表题

1. 依例写出下列各账户的明细分类账适宜使用的账格式。

序号	账户名称	明细分类账适宜的账页格式
例	原材料	数量金额式
1	生产成本	
2	制造费用	
3	主营业务收入	
4	库存商品	
5	应收账款	
6	固定资产	
7	营业费用	
8	应付工资	
9	应收票据	
10	其他货币资金	

2. 写出下列错账（账证核对时发现）的错误所在及宜采用的更正方法。

序号	经济业务摘要	原记账凭证	错误所在	更正方法
1	开出支票一张 200 元，支付管理部门零星开支	借：管理费用　200 　贷：现金　200		
2	签发转账支票 4 000 元，预付后三季度报刊订阅费	借：待摊费用　400 　贷：银行存款　400		
3	签发转账支票 6 000 元，预付后三季度房租	借：待摊费用　9 000 　贷：银行存款　9 000		
4	用现金支付管理部门零星购置费 78 元	借：管理费用　78 　贷：现金　78（入账时记为 87 元）		

3. 根据下列资料，编制银行存款余额调节表。

【资料】

A. 某企业银行存款日记账月末余额为124 950元，银行对账单的余额为129 395元。

B. 经核对，发现有下列未达账项。

（1）企业已入账，银行尚未入账的企业存入转账支票11 200元。

（2）企业购材料开出转账支票9 100元，银行尚未入账。

（3）银行已入账，企业未入账的银行代收销售款6 790元。

（4）银行已入账，企业未入账的银行存款利息245元。

银行存款余额调节表

项　目	金　额	项　目	金　额
企业银行存款日记账余额 加：银行已收，企业未收 减：银行已付，企业未付		银行对账单余额 加：企业已收，银行未收 减：企业已付，银行未付	
调节后存款余额		调节后存款余额	

（六）综合实训题

实训一

【实训目的】掌握现金、银行存款日记账的登记。

【实训资料】亨达公司2010年3月31日银行存款日记账余额为200 000元，现金日记账余额为2 800元，该公司4月份发生以下银行存款和现金收、付业务（所有业务均不考虑增值税）：

（1）4月2日，以银行存款归还长期借款本金23 000元。

（2）4月5日，以银行存款缴纳上月未交消费税15 200元。

（3）4月7日，用现金预付职工王宏预借差旅费1 300元。

（4）4月10日，收到投资者投入资金60 000元存入银行。

（5）4月12日，以银行存款偿还原欠宏远公司的购货款34 000元。

（6）4月15日，将现金1 000元存入银行。

（7）4月18日，用银行存款支付本月办公费1 500元。

（8）4月20日，从银行提取现金48 000元，准备发放工资。

（9）4月20日，用现金48 000元发放工资。

（10）4月26日，销售一批产品，货款95 400元存入银行。

（11）4月29日，以银行存款支付展览费7 500元。

【实训要求】

（1）根据上述经济业务编制会计分录。

（2）根据本月发生的收付款业务，逐笔登记“现金日记账”和“银行存款日记账”。

实训二

【实训目的】掌握总账和明细账的平行登记。

【实训资料】亨达公司2010年12月1日“原材料”和“应付账款”两个总分类账户及其所属明细分类账户的有关资料如下：

“原材料”总分类账户有借方余额41 400元，其所属明细分类账户余额如下：

名称	重量	单价	金额
甲材料	410千克	60元	24 600元
乙材料	210千克	80元	16 800元
合计	41 400元		

“应付账款”总分类账户有贷方余额35 000元，其所属明细分类账户余额如下：

名称	金额
A公司	22 000元
B公司	13 000元
合计	35 000元

该公司12月份发生下列经济业务：

（1）2日，向A公司购入甲材料400千克，单价60元，价款24 000元；乙材料400千克，单价80元，价款32 000元。材料验收入库，货款尚未支付。

（2）6日，车间从仓库领用原材料一批，其中甲材料600千克，单价60元，计36 000元；乙材料300千克，单价80元，计24 000元。

（3）12日，向B公司购入材料一批，其中甲材料200千克，单价60元，价款12 000元；乙材料400千克，单价80元，价款32 000元。材料已验收入库，货款尚未支付。

（4）20日，以银行存款偿还欠A公司的货款40 000元，偿还欠B公司的货款48 000元。

【实训要求】

（1）根据上述经济业务编制会计分录。

（2）根据记账凭证，登记总账和明细账并进行试算平衡。

第三部分　案例分析与讨论

1. 某个体老板张某，2008 年 5 月开设一电子门市部。经国税部门调查，自 2009 年 9 月至 2010 年 3 月，张某取得营业收入 171 万余元，但张以使用外地发票等手段向国税机关隐瞒真实收入，少缴增值税 59 028 元。

2010 年 5 月 13 日，国税稽查局在检查中，调取了张某的现金日记账，并要求张某自查申报补税。张某称没赚钱，只向税务部门申报补税 606 元，并称要重新核对账簿。当月 17 日，张某接到国税稽查局通知，到局办公室重新核对现金日记账。当时，该办公室稽查人员将现金记账本交还给张某，叫张某核对，便到另一边忙手头工作。

张某见无人监视，偷偷掏出笔将账簿上的部分数字由大改小。下班时，稽查人员收回张某的现金日记账簿时，发现有 10 多个数字有涂改痕迹，大部分是千位数改成百位数，涂改后的总数比原来少数万元。该区国税稽查局向当地警方报案。在事实与证据面前，张某承认偷改账簿事实。你对这件事有何看法？

2. 大酒店利用两套账隐匿收入偷税案。南方某大酒店是一家股份制企业，主要经营餐饮、旅馆、歌舞厅等项目，同时兼营洗浴及停车服务等与餐饮旅游业相关的配套服务项目。

经检查酒店的资金活动情况，该酒店某年全年营业收入仅 100.33 万元，按酒店日常运作所需成本及接待规模来推算出入太大。在对该酒店某年 1 月至 10 月发票使用情况进行检查时，发现开票金额共 420.3 万元，而酒店申报 156.21 万元，相差 264.09 万元。另外还采取开具“大头小尾”发票的方法，少计营业收入。

经多方检查，发现该大酒店在三年期间，非法设置了两套账簿，一套用来核算酒店的全部收支情况和经营成果，据此向主管部门报送会计报表；另一套账则隐匿了大部分收入，仅记载其中一部分，平时根据这套账记载的收入来申报纳税。

经查实发现如下问题：

（1）三年来该酒店实际营业收入为 14 591 934 元，已申报缴纳营业税及城建税附加 179 622.41 元，少缴营业税 567 206.49 元、城建税 39 889.28 元、教育费附加 17 068.38 元、地方教育费附加 6 065.81 元；（2）少缴土地使用税 3 000元；（3）少缴房产税 49 868.67 元；（4）少缴印花税 4 074.10 元；（5）少缴企业所得税 12 672.01 元，合计少缴税款及附加费 699 844.74 元。

根据《中华人民共和国税收征收管理法》第四十条规定，该大酒店采取设两套账手法，隐匿应税收入，进行虚假的纳税申报，其行为已构成偷税，除追缴其所偷税款699 844.74元外，还对其偷税行为处以100 000元罚款，对不按规定开具发票的行为处以2 000元罚款。税款、罚款已按规定全部入库。（资料来源 http://www. j sha—I – tax. gox. cn/JC DSearch/productl/showContent. asp? NumAttr = 111009）

请查阅相关资料说出正确的账簿设置、登记、管理等方面的有关规定。

第四部分 拓展训练

1. 利用学习资源查阅《会计法》对会计账簿的相关规定。

2. 北辰公司2010年10月在会计检查中发现有以下3笔错账：

（1）5日，生产车间生产A产品直接耗用甲材料一批，价值是5 000元。原错误分录是：

借：制造费用　　5 000

　　贷：原材料——甲材料　　5 000

且已登记入账。

（2）12日，以库存现金购买行政管理部门办公用品470元。原错误分录是：

借：管理费用　　740

　　贷：库存现金　　740

且已登记入账。

（3）26日，生产完工产品一批计9 800元，已验收入库。原错误分录是：

借：库存商品　　8 900

　　贷：生产成本　　8 900

且已登记入账。

请用正确的更正方法予以更正，并用T字账列示相关账户之间的对应关系。

第八章　账务处理程序

第一部分　考点必会

第一节　账务处理程序概述

1. 账务处理程序又称会计核算组织程序，是指(　　)相结合的方式。

A. 会计凭证　　B. 会计账簿

C. 会计报表　　D. 会计科目

第二节　记账凭证账务处理程序

2. 记账凭证账务处理程序是一种基本的账务处理程序，其优点很多，但对于经济业务多的企业，采用该方法的缺点是(　　)。

A. 记账工作量太大

B. 不便于理解

C. 不便于查对账目

D. 不利于会计核算的分工

3. 记账凭证账务处理程序的主要特点是(　　)。

A. 根据各种记账凭证编制汇总记账凭证

B. 根据各种记账凭证逐笔登记总分类账

C. 根据各种记账凭证编制科目汇总表

D. 根据各种汇总记账凭证登记总分类账

4. 记账凭证账务处理程序是最基本的账务处理程序，其特点就是登记账簿的工作量较小。(　　)

第三节 汇总记账凭证账务处理程序

5. 汇总付款凭证是根据(　　)汇总编制的。

A. 原始凭证

B. 原始凭证汇总表

C. 收款凭证

D. 付款凭证

6. 有关汇总记账凭证账务处理程序说法正确的是(　　)。

A. 减轻了登记总分类账的工作量

B. 便于了解账户之间的对应关系

C. 不利于会计核算的日常分工

D. 主要适用于规模大、经济业务较多的单位使用

第四节 科目汇总表账务处理程序

7. 关于科目汇总表账务处理程序，下列说法正确的有(　　)。

A. 登记总账的直接依据是记账凭证

B. 登记总分类账的直接依据是科目汇总表

C. 编制会计报表的直接依据是科目汇总表

D. 与记账凭证账务处理程序相比较，增加了一道编制汇总记账凭证的程序

8. 关于科目汇总表账务处理程序，下列说法正确的有(　　)。

A. 科目汇总表账务处理程序可以大大减轻总账的登记工作

B. 科目汇总表账务处理程序可以对发生额进行试算平衡

C. 科目汇总表账务处理程序下，总分类账能明确反映账户的对应关系

D. 科目汇总表账务处理程序适用于规模较大、业务量较多的大中型企业

第二部分 过关必练

（一）单项选择题

1. 设计账务处理程序是(　　)的一项重要内容。

A. 会计凭证设计　　B. 会计制度设计

C. 会计账簿设计　　D. 会计报表设计

2. 各种账务处理程序之间的主要区别在于(　　)。

A. 会计凭证的种类不同　　B. 一总账的格式不同

C. 登记总账的依据和方法不同　　D. 根据总账编制会计报表的方法不同

3. 会计报表是根据(　　)资料编制的。

A. 日记账、总账和明细账　　B. 日记账和明细分类账

C. 明细账和总分类账　　D. 日记账和总分类账

4. 账务处理程序的核心是(　　)。

A. 凭证组织　　B. 账簿组织

C. 记账程序　　D. 报表组织

5. 下列登账方法中错误的是(　　)。

A. 依据记账凭证和原始凭证逐日逐笔登记明细账

B. 依据记账凭证和汇总原始凭证逐日逐笔或定期汇总登记明细账

C. 依据记账凭证逐笔登记总账

D. 依据汇总原始凭证定期汇总登记现金日记账

6. 记账凭证账务处理程序的显著特点是直接根据各种记账凭证逐笔登记(　　)。

A. 明细分类账　　B. 总分类账

C. 库存现金日记账　　D. 银行存款日记账

7. 在记账凭证账务处理程序下，不需设置(　　)。

A. 收款、付款、转账凭证或通用记账凭证

B. 科目汇总表或汇总记账凭证

C. 现金和银行存款日记账

D. 总分类账和若干明细分类账

8. 下列属于记账凭证账务处理程序主要缺点的是(　　)。

A. 不能体现账户的对应关系　　B. 不便于会计的合理分工

C. 方法不易掌握　　D. 登记总账的工作量较大

9. 记账凭证账务处理程序不适用于(　　)。

A. 小型企业　　B. 大型国有企业

C. 机关　　D. 事业单位

10. (　　)是掌握其他账务处理程序的基础。

A. 记账凭证账务处理程序　　B. 汇总记账凭证账务处理程序

C. 科目汇总表账务处理程序　　D. 科目汇总记账凭证账务处理程序

11. 记账凭证账务处理程序不需要设置的记账凭证是(　　)。

A. 收款凭证　　B. 通用记账凭证

C. 汇总记账凭证　　D. 转账凭证

12. 汇总记账凭证账务处理程序的缺点是(　　)。

A. 看不出科目之间的对应关系

B. 登记总账工作量大

C. 当转账凭证较多时，汇总转账凭证的工作量较大

D. 不便于查账、用账

13. 记账凭证账务处理程序与汇总记账凭证账务处理程序的区别是(　　)。

A. 原始凭证的种类不同　　B. 记账凭证的种类不同

C. 明细账簿的记账依据不同　　D. 总账的记账依据不同

14. 汇总记账凭证是依据(　　)编制的。

A. 记账凭证　　B. 原始凭证

C. 原始凭证汇总表　　D. 各种总账

15. 下列不能作为登记明细分类账依据的是(　　)。

A. 原始凭证　　B. 汇总原始凭证

C. 记账凭证　　D. 汇总记账凭证

16. 汇总转账凭证是按(　　)科目设置的。

A. 借方　　B. 贷方

C. 借方或贷　　D. 借方和贷方

17. 为了便于填制汇总转账凭证，平时填制转账凭证时，应尽可能使账户的对应关系保持(　　)。

A. “一借一贷”或“一贷多借”　　B. “一借一贷”或“一借多贷”

C. “一贷多借”或“多借多贷”　　D. “一借多贷”或“多借多贷”

18. 关于汇总记账凭证账务处理程序，下列说法正确的有(　　)。

A. 汇总付款凭证按现金、银行存款账户的借方设置，并按其对应的贷方账户归类汇总

B. 汇总收款凭证按现金、银行存款账户的借方设置，并按其对应的借方账

户归类汇总

C. 能反映账户之间的对应关系

D. 能起到试算平衡的作用

19. 汇总记账凭证账户处理程序适用于的企业(　　)。

A. 规模较大、经济业务较多　　B. 规模较小、经济业务不多

C. 规模较大、经济业务不多　　D. 规模较小、经济业务较多

20. 科目汇总表账务处理程序应用于(　　)的企业。

A. 规模大，业务量多的大中型企业

B. 交易或事项较少的小型企业

C. 经济业务涉及金额较大的大中型企业

D. B、C 均为正确

21. 科目汇总表与汇总记账凭证的共同优点是(　　)。

A. 总括反映同类经济业务　　B. 保持科目之间的对应关系

C. 进行发生额试算平衡　　D. 简化总分类账的登记工作

22. 为便于科目汇总表的编制，平时填制记账凭证时，应尽可能使账户之间的对应关系保持(　　)。

A. 一借一贷　　B. 一借多贷

C. 一贷多借　　D. 多借多贷

23. 科目汇总表账务处理程序的缺点是(　　)。

A. 登记总分类账的工作量大　　B. 程序复杂，不易掌握

C. 不能对发生额进行试算平衡　　D. 不便于查账、对账

24. 科目汇总表是依据(　　)编制的。

A. 记账凭证　　B. 原始凭证

C. 原始凭证汇总表　　D. 各种总账

25. 根据科目汇总表登记总账，在简化登记总账工作的同时也起到了(　　)的作用。

A. 简化报表的编制　　B. 反映账户对应关系

C. 简化明细账工作　　D. 发生额试算平衡

26. 科目汇总表账务处理程序比记账凭证账务处理程序增设了(　　)。

A. 原始凭证汇总表　　B. 汇总原始凭证

C. 科目汇总表　　D. 汇总记账凭证

27. 在实际工作中，编制科目汇总表时，可以设置(　　)。

A. 汇总原始凭证　　B. 汇总记账凭证

C. 科目汇总表工作底稿　　D. 科目汇总表备查簿

28. 在下列会计核算形式中，最基本的核算形式是(　　)。

A. 日记账总账核算形式　　B. 汇总记账凭证核算形式

C. 记账凭证汇总表核算形式　　D. 记账凭证核算形式

29. 常见的核算形式，有许多共同点，又各有其特点，主要表现在(　　)的依据和方法的不同。

A. 编制会计凭证

B. 登记账现金日记账和银行存款日记账

C. 登记账各种明细分类账

D. 登记账总账

30. 记账凭证核算形式，登记账总分类账的依据是(　　)。

A. 原始凭证　　B. 记账凭证

C. 多栏式日记账　　D. 通用日记账

31. 规模小、业务简单、使用会计科目少的单位一般采用(　　)。

A. 记账凭证核算形式　　B. 记账凭证汇总表核算形式

C. 汇总记账凭证核算形式　　D. 日记账总账核算形式

32. 区分不同账务处理程序的根本标志是(　　)。

A. 编制汇总原始凭证的依据不同　　B. 编制记账凭证的依据不同

C. 登记总分类账的依据不同　　D. 编制会计报表的依据不同

33. 记账凭证账务处理程序的优点是(　　)。

A. 总分类账反映较详细　　B. 减轻了登记总分类账的工作量

C. 有利于会计核算的日常分工　　D. 便于核对账目和进行试算平衡

34. 汇总记账凭证账务处理程序与科目汇总表账务处理程序的相同点是(　　)。

A. 登记总账的依据相同　　B. 记账凭证的汇总方法相同

C. 保持了账户间的对应关系　　D. 简化了登记总分类账的工作量

35. 关于汇总记账凭证账务处理程序，下列说法中错误的是(　　)。

A. 根据记账凭证定期编制汇总记账凭证

B. 根据原始凭证或汇总原始凭证登记总账

C. 根据汇总记账凭证登记总账

D. 汇总转账凭证应当按照每一账户的贷方分别设置，并按其对应的借方账户归类汇总

36. 在不同账务处理程序中，不能作为登记总账依据的是(　　)。

A. 记账凭证　　B. 汇总记账凭证

C. 汇总原始凭证　　D. 科目汇总表

37. 科目汇总表定期汇总的是(　　)。

A. 每一账户的本期借方发生额　　B. 每一账户的本期贷方发生额

C. 每一账户的本期借、贷方发生额　　D. 每一账户的本期借、贷方余额

38. 关于科目汇总表账务处理程序，下列说法中正确的是(　　)。

A. 登记总账的直接依据是记账凭证

B. 登记总账的直接依据是科目汇总表

C. 编制会计报表的直接依据是科目汇总表

D. 与记账凭证会计核算程序相比较，增加了一道编制汇总记账凭证的程序

39. 为了便于填制汇总转账凭证，平时填制转账凭证时，应尽可能使账户的对应关系保持(　　)。

A. “一借一贷”或“一贷多借”　　B. “一借一贷”或“一借多贷”

C. “一贷多借”或“多借多贷”　　D. “一借多贷”或“多借多贷”

40. (　　)账务处理程序是最基本的一种账务处理程序。

A. 日记总账　　B. 汇总记账凭证

C. 科目汇总表　　D. 记账凭证

(二) 多项选择题

1. 在我国常用的账务处理程序有(　　)。

A. 记账凭证账务处理程序　　B. 汇总记账凭证账务处理程序

C. 科目汇总表账务处理程序　　D. 账簿报表账务处理程序

2. 不同账务处理程序所具有的相同之处有(　　)。

A. 编制记账凭证的直接依据相同

B. 编制会计报表的直接依据相同

C. 登记明细分类账簿的直接依据相同

D. 登记总分类账簿的直接依据相同

3. 账务处理程序是指(　　)结合的方式。

A. 会计报表　　B. 会计账簿

C. 会计凭证　　D. 原始凭证

4. 建立怎样的账务处理程序是由多种因素决定的，比如(　　)。

A. 经济活动的实际情况　　B. 财务收支的实际情况

C. 经营管理的需要　　D. 会计核算手续

5. 各种账务处理程序下，登记明细账的依据可能有(　　)。

A. 原始凭证　　B. 汇总原始凭证

C. 记账凭证　　D. 汇总记账凭证

6. 记账凭证账务处理程序的优点有(　　)。

A. 登记总分类账的工作量较小

B. 账务处理程序简单明了，易于理解

C. 总分类账登记详细，便于查账、对账

D. 适用于规模大、业务量多的大中型企业

7. 以下属于记账凭证账务处理程序优点的是(　　)。

A. 简单明了、易于理解

B. 总分类账可较详细地记录经济业务发生情况

C. 便于进行会计科目的试算平衡

D. 减轻了登记总分类账的工作量

8. 汇总记账凭证账务处理程序的优点有(　　)。

A. 总分类账的登记工作量相对较小　B. 便于会计核算的日常分工

C. 便于了解账户之间的对应关系　D. 编制汇总转账的工作量较小

9. 汇总记账凭证账务处理程序下，会计凭证方面除设置收款凭证、付款凭证、转账凭证外，还应设置(　　)。

A. 科目汇总表　B. 汇总收款凭证

C. 汇总付款凭证　D. 汇总转账凭证

10. 以下属于汇总记账凭证账务处理程序特点的是(　　)。

A. 根据原始凭证编制汇总原始凭证

B. 根据记账凭证定期编制汇总记账凭证

C. 根据记账凭证定期编制科目汇总表

D. 根据汇总记账凭证登记总账

11. 科目汇总表的汇总方式可以分为(　　)。

A. 全部汇总　B. 部分汇总

C. 分类汇总　D. 直接汇总

12. 在科目汇总表账务处理程序下，记账凭证可以是(　　)。

A. 登记现金日记账的依据　B. 编制科目汇总表的依据

C. 登记明细分类账的依据　D. 登记总分类账的依据

13. 采用科目汇总表账务处理程序时，月末应将(　　)与总分类账进行核对。

A. 现金日记账　B. 明细分类账

C. 汇总记账凭证　D. 银行存款日记账

14. 采用科目汇总表账务处理程序时，期末应根据(　　)进行编制会计报表。

A. 总分类账　　B. 明细分类账

C. 科目汇总表　　D. 汇总记账凭证

15. 能够起到简化登记分类账工作的账务处理程序的是(　　)账务处理程序。

A. 汇总记账凭证　　B. 记账凭证

C. 科目汇总表　　D. 日记总账

16. 记账凭证账务处理程序、汇总记账凭证账务处理程序和科目汇总表账务处理程序应共同遵循的程序有(　　)。

A. 根据原始凭证、汇总原始凭证和记账凭证登记各种明细分类账

B. 根据记账凭证逐笔登记总分类账

C. 期末，库存现金日记账、银行存款日记账和明细分类账的余额与有关总分类账的余额核对相符

D. 根据总分类账和明细分类账的记录，编制会计报表

17. 在汇总记账凭证账务处理程序下，月末应与总账核对的内容有(　　)。

A. 银行存款日记账　　B. 会计报表

C. 明细账　　D. 记账凭证

18. 下列会计科目中，(　　)适用按会计科目贷方分别编制汇总付款凭证。

A. 库存现金　　B. 银行存款

C. 应付账款　　D. 其他应付款

19. 记账凭证账务处理程序、汇总记账凭证账务处理程序和科目汇总表账务处理程序应共同遵循的程序有(　　)。

A. 根据原始凭证、汇总原始凭证和记账凭证登记各种明细分类账

B. 根据记账凭证逐笔登记总分类账

C. 期末，现金日记账、银行存款日记账和明细分类账的余额与有关总分类账的余额核对相符

D. 根据总分类账和明细分类账的记录，编制会计报表

20. 账务处理程序也叫会计核算组织程序，它是指会计主体所采用的(　　)的种类和格式与一定的记账程序有机结合的方法和步骤。

A. 会计凭证　　B. 会计账簿

C. 会计科目　　D. 会计报表

21. 常用的账务处理程序主要有(　　)。

A. 记账凭证账务处理程序　　B. 汇总记账凭证账务处理程序

C. 科目汇总表账务处理程序　　D. 日记总账账务处理程序

22. 适用于企业生产经营规模较大、业务较多的账务处理程序是(　　)。

A. 多栏式日记账账务处理程序　　　B. 记账凭证账务处理程序
C. 汇总记账凭证账务处理程序　　　D. 科目汇总表账务处理程序

23. 记账凭证会计核算程序的优点有(　　)。
A. 简单明了、易于理解
B. 总分类账可较详细地记录经济业务发生情况
C. 便于进行会计科目的试算平衡
D. 减轻了登记总分类账的工作量

24. 常用的各种账务处理程序，它们在(　　)方面有共同之处。
A. 编制记账凭证的依据　　　B. 登记日记账的依据
C. 编制会计报表的依据　　　D. 登记总分类账的依据

25. 在各种账务处理程序下，明细分类账可以根据(　　)登记。
A. 原始凭证　　　B. 记账凭证
C. 原始凭证汇总表　　　D. 记账凭证汇总表

26. 在不同的账务处理程序下，登记总账的依据可能是(　　)。
A. 记账凭证　　　B. 汇总记账凭证
C. 科目汇总表　　　D. 汇总原始凭证

27. 不同账务处理程序所具有的相同之处是(　　)。
A. 编制记账凭证的直接依据相同　　　B. 编制会计报表的直接依据相同
C. 登记总分类账簿的直接依据相同　　　D. 登记明细分类账簿的直接依据相同

28. 不论哪一种账务处理程序，在编制会计报表之前，都要进行的对账工作是(　　)。
A. 现金日记账与总分类账的核对　　　B. 银行存款日记账与总分类账的核对
C. 明细分类账与总分类账的核对　　　D. 总分类账之间的核对

(三) 判断题

1. 编制财务会计报告是企业账务程序的组成部分。(　　)

2. 各种明细账的登账依据，既可以是原始凭证、原始凭证汇总表，也可以是记账凭证。(　　)

3. 在各种不同账务处理程序下，会计报表的编制依据都是相同的。(　　)

4. 任何账务处理程序的第一步必须将所有的原始凭证汇总编制为汇总原始凭证。(　　)

5. 同一企业可以同时采用几种不同的账务处理程序。(　　)

6. 记账凭证账务处理程序的特点是直接根据记账凭证逐笔登记总分类账，是最基本的账务处理程序。(　　)

7. 采用汇总记账凭证账务处理程序，可以减少登记总分类账的工作量，但不便于了解账户之间的对应关系。(　　)

8. 采用汇总记账凭证账务处理程序有利于会计核算的日常分工，较大程度地减轻了工作量。(　　)

9. 在汇总记账凭证账务处理程序下，库存现金日记账和银行存款日记账可以根据汇总收、付凭证登记。(　　)

10. 汇总记账凭证和科目汇总表编制的依据和方法相同。(　　)

11. 汇总转账凭证是指按每一个贷方科目分别设置的，用来汇总一定时期转账业务的一种汇总记账凭证。(　　)

12. 汇总记账凭证账务处理程序适用于经营规模较大、转账业务事项较少而收、付款业务事项较多的单位。(　　)

13. 科目汇总表账务处理程序是在记账凭证账务处理程序基础上发展而来的。(　　)

14. 在实际工作中，科目汇总表中所有科目本期借方发生额合计数可能不等于所有科目本期贷方发生额合计数。(　　)

15. 科目汇总表账务处理程序不能反映账户的对应关系，不便于查对账目，适用于业务较多的单位。(　　)

16. 科目汇总表账务处理程序的主要特点是根据记账凭证编制科目汇总表，并根据科目汇总表填制报表。(　　)

17. 科目汇总表的作用与汇总记账凭证相似，但它们的结构不同，填制的方法也不同。(　　)

18. 科目汇总表核算形式与汇总记账凭证核算形式的适用范围是完全相同的。(　　)

19. 各种账务处理程序的主要区别在于登记总账的依据不同。(　　)

20. 汇总记账凭证账务处理程序适用于规模小、经济业务量少的单位。(　　)

21. 科目汇总表账务处理程序能科学地反映账户的对应关系，且便于账目核对。(　　)

22. 汇总转账凭证按“库存现金”“银行存款”账户的借方设置，并按其对应的贷方账户归类汇总。(　　)

23. 汇总记账凭证账务处理程序既能保持账户的对应关系，又能减轻登记总分类账的工作量。(　　)

24. 不同的凭证、账簿组织以及与之相适应的记账程序和方法相结合，构成不同的账务处理程序。(　　)

25. 记账凭证账务处理程序的特点是直接根据各种记账凭证登记总账。(　　)

26. 科目汇总表账务处理程序的特点是根据记账凭证编制科目汇总表，然后再根据科目汇总表编制会计报表。(　　)

27. 汇总记账凭证账务处理程序就是将各种原始凭证汇总后填制记账凭证，据以登记总账的账务处理程序。(　　)

28. 企业不论采用哪一种账务处理程序，都必须设置日记账、总分类账和明细分类账。(　　)

29. 企业采用何种会计核算形式，不要求统一，应根据各单位规模大小，业务繁简、工作基础强弱、经营业务特点而定。(　　)

30. 各种会计核算形式的名称，一定是取之于登记账总账依据。(　　)

31. 记账凭证核算形式是适用一切企业的会计核算形式。(　　)

32. 在科目汇总表核算形式下，全部总分类账账户都应依据科目汇总表来登记。(　　)

33. 在科目汇总表核算形式下，总分类账必须逐日逐笔进行登记账。(　　)

（四）计算分析题

1. 天和工业公司主要生产 A 产品，被主管税务机关核准为一般纳税人。公司设有一个基本生产车间，规模较大，经济业务量较多，会计核算采用科目汇总表账务处理程序。2009 年 3 月 1 日至 10 日发生部分经济业务，该公司采用通用记账凭证，在记账凭证上编制的会计分录如下。

（1）62#　收回前欠货款：

借：银行存款　　46 800

　　贷：应收账款——淮安市华光工厂　　46 800

（2）63#　归还前欠货款：

借：应付账款——市华兴工厂　　40 000

　　贷：银行存款　　40 000

（3）64#　归还前欠货款：

借：应付账款——南京祥瑞工厂　　30 000

　　贷：银行存款　　30 000

（4）65#　缴上月税款：

借：应交税费——未交增值税　　32 500

　　贷：银行存款　　32 500

（5）81#　提取备用金：

借：库存现金　　1 000

　　贷：银行存款　　1 000

（6）82# 支付广告费：

借：销售费用 3 500

贷：银行存款 3 500

（7）83# 采购甲材料：

借：原材料——甲材料 112 000

应交税费——应交增值税（进项税） 19 040

贷：应付账款——淮安市华兴工厂 131 040

（8）84# 销售产品：

借：银行存款 117 000

贷：主营业务收入 100 000

应交税费——应交增值税（销项税） 17 000

（9）85# 采购乙材料：

借：原材料——乙材料 72 000

应交税费——应交增值税（进项税） 12 240

贷：应付账款——南京祥瑞工厂 84 240

要求：

（1）采用“T”形账户编制科目汇总表工作底稿。

（2）编制科目汇总表。

2. 广发工业公司主要生产 B 电机，被主管税务机关核准为一般纳税人。公司设有一个基本生产车间，规模较大，经济业务量较多，同时银行存款业务较多。为了反映账户的对应关系，公司采用汇总记账凭证账务处理程序。2009 年 5 月 1 日至 10 日发生部分经济业务，该公司采用收付转记账凭证，在记账凭证上编制的会计分录如下。

（1）银收 52#收回前欠货款：

借：银行存款 46 800

贷：应收账款——淮安市华光工厂 46 800

（2）银付 83#归还前欠货款：

借：应付账款——市华兴工厂 40 000

贷：银行存款 40 000

（3）银付 84#归还前欠货款：

借：应付账款——南京祥瑞工厂 30 000

贷：银行存款 30 000

（4）银付 85#交上月税款：

借：应交税费——未交增值税 32 500

贷：银行存款　　32 500

（5）银付86#提取备用金：

借：库存现金　　1 000

　　贷：银行存款　　1 000

（6）银付87#支付广告费：

借：销售费用　　3 500

　　贷：银行存款　　3 500

（7）银付88#采购甲材料：

借：原材料——甲材料　　112 000

　　应交税费——应交增值税（进项税）　　19 040

　　贷：银行存款　　131 040

（8）银收53#销售产品：

借：银行存款　　117 000

　　贷：主营业务收入　　100 000

　　　　应交税费——应交增值税（销项税）　　17 000

（9）银付89#采购乙材料：

借：原材料——乙材料　　72 000

　　应交税费——应交增值税（进项税）　　12 240

　　贷：银行存款　　84 240

（10）转27#分配职工薪酬：

借：生产成本——B电机　　80 000

　　制造费用　　15 000

　　管理费用　　10 000

　　贷：应付职工薪酬——工资　　105 000

（11）转28#计提福利费：

借：生产成本——B电机　　11 200

　　制造费用　　2 100

　　管理费用　　1 400

　　贷：应付职工薪酬——福利费　　14 700

要求：

（1）编制汇总收款凭证。

（2）编制汇总付款凭证。

（3）编制汇总转账凭证。

（五）综合实训题

实训一

【实训目的】掌握记账凭证账务处理程序的应用。

【实训资料】

1. 中淮公司2010年8月初总分类账户余额如表所示。

账　户	金　额	账　户	金　额
一、资产类		二、负债类	
库存现金	400	短期借款	680 000
银行存款	2 504 500	应付账款	447 000
应收账款	250 000	应付职工薪酬	25 620
其他应收款	3 000	应交税费	167 200
原材料	1 166 800	应付利润	62 800
库存商品	1 352 780	三、所有者权益	
固定资产	3 356 040	实收资本	5 170 000
累计折旧（贷）	52 680	资本公积	215 100
无形资产	501 000	盈余公积	616 620
		本年利润	1 344 020
		利润分配	353 480
合计	9 081 840		9 081 840

2. 公司2010年8月份发生下列部分经济业务：

（1）从银行提取现金3 000元备用。

（2）从山东购进材料一批，已验收入库，货款100 000元，增值税进项税额17 000元，款项尚未支付。

（3）销售给莱阳厂A产品一批，货款为200 000元，增值税销项税额34 000元，款项尚未收到。

（4）公司本部王海出差，预借差旅费2 000元，以现金付讫。

（5）车间领用甲材料一批，其中用于A产品生产30 000元，用于车间一般消耗5 000元。

（6）销售给远东公司A产品一批，货款为100 000元，增值税销项税额17 000元，款项尚未收到。

（7）从江南公司购进乙材料一批，货款 80 000 元，增值税进项税额 13 600 元，材料已验收入库，款项尚未支付。

（8）公司本部李华出差，借支差旅费 1 000 元，用现金付讫。

（9）以银行存款 117 000 元，偿还前欠山东的购料款。

（10）从银行提取现金 2 000 元备用。

（11）接银行通知，莱阳厂汇来前欠货款 234 000 元，已收妥入账。

（12）车间领用乙材料一批，其中用于 A 产品 50 000 元，用于车间一般消耗 10 000 元。

（13）以银行存款 936 000 元偿还前欠江南公司购料款。

（14）接银行通知，华东公司汇来前欠货款 117 000 元，已收妥入账。

（15）根据月末编制的“工资结算汇总表”，本月应付生产工人薪酬为 114 000元，应付车间管理人员薪酬为 17 200 元，应付行政管理人员薪酬为 22 800元。

（16）本月计提固定资产折旧 5 000 元，其中，生产车间固定资产折旧 4 000 元，行政管理部门固定资产折旧 1 000 元。

（17）本月以银行存款支付其他制造费用 4 400 元。

（18）月末，结转制造费用。

（19）月末，本月生产的 A 产品全部完工并验收入库，且无月初在产品，计算并结转完工产品成本。

（20）月末，结转本月销售产品的成本 183 400 元。

（21）月末，计算本月应交城市维护建设税 2 800 元。

（22）月末，将收入、费用账户余额转入“本年利润”账户。

（23）月末，按本月利润总额的 25% 计算应交所得税，并将所得税费用转入“本年利润”账户（无纳税调整项目）。

【实训要求】

（1）根据上述经济业务编制收付转记账凭证。

（2）根据本月发生的收付款业务，逐笔登记“现金日记账”和“银行存款日记账”。

（3）根据收付转记账凭证直接登记总分类账。

（4）编制总分类账户本期发生额及余额表。

（5）编制该公司本月资产负债表和利润表。

实训二

【实训目的】掌握科目汇总表账务处理程序的应用。

【实训资料】同实训一资料，会计核算采用科目汇总表账务处理程序。

【实训要求】

（1）根据实训一经济业务编制收付转记账凭证。

（2）根据本月发生的收付款业务，逐笔登记“现金日记账”和“银行存款日记账”。

（3）根据收付转记账凭证编制科目汇总表。

（4）根据科目汇总表登记总分类账。

（5）编制总分类账户本期发生额及余额表。

（6）编制该公司本月资产负债表和利润表。

实训三

【实训目的】掌握汇总记账凭证账务处理程序的应用。

【实训资料】同实训一资料，会计核算采用汇总记账凭证账务处理程序。

【实训要求】

（1）根据实训一经济业务编制收付转记账凭证。

（2）根据本月发生的收付款业务，逐笔登记“现金日记账”和“银行存款日记账”。

（3）根据收付转记账凭证编制汇总记账凭证。

（4）根据汇总记账凭证登记总分类账。

（5）编制总分类账户本期发生额及余额表。

（6）编制该公司本月资产负债表和利润表。

第三部分 案例分析与讨论

1. 李桦于2010年6月以每月2 500元租用一间店面，租期一年，投资创办了知识书店，主要经营各种图书的批发兼零售。6月1日，李桦以知识书店的名义开立银行账户，存入100 000元作为资本，用于经营。由于李桦不懂会计，他除了将所有的发票等单据都收集保存起来以外，没有作任何记录。到月底，李桦发现书店的存款反而减少，只剩下71 350元外加655元现金。另外，尽管客户赊欠的15 300元尚未收回，但公司也有17 500元货款尚未支付，除此以外，实地盘点库存图书价值25 800元。李桦开始怀疑自己的经营，前来向你请教。通过对李桦保存的所有单据进行检查分析，汇总一个月情况显示：

（1）投资银行存款100 000元。

（2）内部装修及必要的设施花费15 000元，均已用银行存款支付。

（3）购入图书两批，每批价值35 000元，其中第二批赊购全部款的50%，其余全部用存款支付。

（4）1～30日零售图书收入共计39 780元，全部现收，存入银行。

（5）1～30日批发图书收入共计25 870元，其中赊销15 300元，其余货款收入均存入银行。

（6）支票支付店面租金2 500元。

（7）本月份从存款户提取现金四次，共计9 000元，其中3 000元支付雇员工资，4 000元作为个人生活费，其余备日常零星开支。

（8）本月水电费238元，支票支付。

（9）电话费270元，用现金支付。

（10）其他各种杂费837元，用现金支付。

请根据你所掌握的会计知识，结合知识书店的具体业务：

（1）替李桦设计一套合理的账务处理程序，并帮他记账。

（2）向李桦报告书店的财务状况，解答其疑虑，并评价其经营业绩。

2. 某公司关于账务处理程序的描述如下：

（1）会计人员根据审核后的原始单据填制记账凭证。

（2）经过财务经理审核后的记账凭证登记明细账。

（3）月末会计人员根据各记账凭证编制汇总记账凭证。

（4）会计人员根据汇总记账凭证与出纳员核对现金账发生额和银行存款发生额。

（5）会计人员根据汇总记账凭证登记总账。

（6）会计人员进行总账与明细账、现金账、银行存款账核对，现金账的余额与库存现金数核对。

（7）会计人员根据总分类账编制各种会计报表。

（8）出纳员根据银行账与银行对账单相核对，并登记未达账项。

备注：

（1）原始单据一定要按照公司的财务制度规定的程序审核签字。

（2）记账凭证要由财务经理审核。

（3）月末会计要监督出纳进行账库核对。

（4）会计要检查支票备查簿并要核实，签字。

（5）出纳员要认真登记未达账单，会计人员要审核签字。

请分析：根据上文的描述，对该公司的账务处理程序作出评价，说明其优缺点及改进措施。

第四部分　拓展训练

1. 根据自己所学知识归纳总结出纳业务处理在各种账务处理程序中的基本程序。

2. 利用学习资源查阅多栏式日记账账务处理程序。

第九章　财产清查

第一部分　考点必会

第一节　财产清查概述

考点一　财产清查的概念与意义

1. 加强财产清查工作，充分发挥会计监督作用的重要意义不应包括(　　)。

A. 通过财产清查，可以保护财产的安全完整

B. 通过财产清查，确保会计核算资料的真实可靠

C. 通过财产清查，可以防止和打击各种腐败行为，维护国家财产不受侵犯

D. 通过财产清查，可以挖掘财产物资潜力，促进财产物资的有效使用

考点二　财产清查的分类

2. 按财产清查的范围分，现金出纳员每日清点现金，属于(　　)。

A. 定期清查　　B. 全面清查

C. 局部清查　　D. 不定期清查

3. 企业仓库发生火灾，为查明损失需要进行清查盘点。按清查时间分，上述财产清查属于(　　)。

A. 定期清查　　B. 不定期清查

C. 全面清查　　D. 局部清查

考点三　财产清查的一般程序

4. 下列各项中，(　　)属于财产清查一般程序。

A. 组织清查人员学习有关政策规定

B. 确定清查对象、范围，明确清查任务

C. 制定清查方案

D. 填制盘存单和清查报告表

第二节 财产清查的方法

考点四　货币资金的清查方法

5. 库存现金清查应采用的方法是(　　)。

A. 核对　　B. 查询

C. 实地盘点　　D. 技术推算

6. 银行对账单余额为 48 000 元，银行已收、企业未收的款项为 3 000 元，企业已收、银行未收的款项为 4 200 元，企业已付、银行未付的款项为 3 200 元，则调整后存款余额为(　　)元。

A. 49 000　　B. 46 000

C. 47 000　　D. 51 000

7. 对于银行已入账而企业未入账的未达账项，企业应当(　　)。

A. 根据“银行对账单”记录的余额

B. 在编制“银行存款余额调节表”时入账

C. 待有关凭证送达后入账

D. 根据对账单和调节不自制凭证入账

考点五　实物的清查方法

8. 对于大量成堆难以逐一清点的财产物资的清查，一般采用(　　)法进行清查。

A. 实地盘点　　B. 抽查检验

C. 查询核对　　D. 技术推算

9. 在财产清查中，实物盘点的结果应如实登记在(　　)。

A. 账存实存对比表

B. 盘存单

C. 对账单

D. 盘盈盘亏报告表

考点六　往来款项的清查

10. 往来账款清查的步骤主要是(　　)。

A. 将本单位的往来账款核对清楚，确认总分类账与明细分类账的余额相等

B. 向对方单位填发对账单

C. 收到对方单位的回单联后，应据以编制“往来款项清查表”

D. 在“往来款项清查表”上注明核对相符或不符的款项

第三节 财产清查结果的处理

11. “待处理财产损溢”账户的贷方登记(　　)。

A. 财产物资盘亏、毁损的金额和盘盈的转销额

B. 财产物资盘亏毁损的金额和盘盈金额

C. 存货的盘盈金额和盘亏的转销额

D. 经批准转销的盘亏、毁损金额和盘盈的转销额

12. 存货毁损属于应由保险公司赔偿部分，应计入(　　)账户。

A. “管理费用”　　B. “营业外支出”

C. “生产成本”　　D. “其他应收款”

13. 企业因自然灾害造成固定资产盘亏，经批准核销时，应借记(　　)账户。

A. “固定资产”　　B. “待处理财产损溢”

C. “营业外支出”　　D. “管理费用”

14. 下列各项业务中，应通过“营业外收入”科目核算的有(　　)。

A. 存货盘盈　　B. 转销无法偿付的应付账款

C. 无法查明原因的现金溢余　　D. 固定资产盘盈

第二部分　过关必练

(一) 单项选择题

1. 定期清查一般是在(　　)。

A. 结账时　　B. 结账前
C. 结账后　　D. 对账中

2. 以下情况中，宜采用局部清查的有(　　)。
A. 年终决算前进行的清查
B. 企业清产核资时进行的清查
C. 企业更换财产保管人员时
D. 企业改组为股份制试点企业进行清查

3. 企业在编制年度财务会计报告前，应当进行财产清查。下列关于该财产清查类别的表述中，正确的是(　　)。
A. 局部抽查　　B. 部分清查
C. 局部清查　　D. 全面清查

4. 某企业在遭受洪灾后，对其受损的财产物资进行的清查，属于(　　)。
A. 局部清查和定期清查　　B. 全面清查和定期清查
C. 局部清查和不定期清查　　D. 全面清查和不定期清查

5. 出纳人员发生变动时，应对其保管的库存现金进行清查，这种财产清查属于(　　)。
A. 全面清查和定期清查　　B. 局部清查和不定期清查
C. 全面清查和不定期清查　　D. 局部清查和定期清查

6. 在会计核算工作中，已经确保账簿记录正确无误后，仍不能完全保证账簿记录结果的真实性，其主要原因是还常常会存在(　　)。
A. 计算错误　　B. 记账错误
C. 账实不符　　D. 以上答案均正确

7. 通过设置存货明细分类账，根据会计凭证在有关账簿中进行连续登记，并随时结出账面余额的盘存制度是(　　)。
A. 永续盘存制　　B. 以存计耗制
C. 实地盘存制　　D. 权责发生制

8. 财产物资的盘存制度采用实地盘存制和永续盘存制的根本区别在于(　　)。
A. 本期收入存货数量的确定方法不同
B. 本期发出存货数量的确定方法不同
C. 期末结存存货数量的确定方法不同
D. 存货明细分类账簿设置的方法不同

9. 在实际工作中，企业一般以(　　)作为财产物资的盘存制度。
A. 收付实现制　　B. 权责发生制

C. 永续盘存制　　　　　　　　　　D. 实地盘存制

10. 对银行存款进行清查时，应将(　　)与银行对账单逐笔核对。

A. 银行存款总账　　　　　　　　B. 银行存款日记账

C. 银行支票备查簿　　　　　　　D. 库存现金日记账

11. 在企业与银行双方记账无误的情况下银行存款日记账与银行对账单余额不一致是由于有(　　)存在。

A. 应收账款　　　　　　　　　　B. 应付账款

C. 未达账项　　　　　　　　　　D. 其他货币资金

12. 某企业2013年5月末的银行存款日记账余额为750 000元，银行对账单余额为975 000元。经核对，存在以下未达账项：①5月20日，银行计提存款利息18 000元，企业尚未收到通知，尚未入账。②5月25日，企业开出转账支票支付购料款217 500元，企业已入账，但收款单位尚未到银行办理入账手续。③5月30日，企业收到转账支票一张，金额为10 500元，企业已入账，银行尚未入账。则2013年5月31日，该企业可动用的银行存款实际金额为(　　)元。

A. 975 000　　　　　　　　　　B. 768 000

C. 750 000　　　　　　　　　　D. 543 000

13. 下列项目会使银行存款日记账与银行对账单两者余额不一致的有(　　)。

A. 未达账项　　　　　　　　　　B. 银行对账单记账有误

C. 单位银行存款日记账记账有误　D. 以上三项都有可能

14. 单位撤销、合并所进行的财产清查，按时间分类，下列各项中，正确的是(　　)。

A. 全面清查　　　　　　　　　　B. 局部清查

C. 定期清查　　　　　　　　　　D. 不定期清查

15. 对企业与其开户银行之间的未达账项，进行账务处理的时间是(　　)。

A. 查明未达账项时　　　　　　　B. 收到银行对账单时

C. 编好银行存款余额调节表　　　D. 实际收到有关结算凭证时

16. 在各种实物的清查过程中，(　　)必须在场参加盘点，但不宜单独承担财产清查工作。

A. 单位行政领导　　　　　　　　B. 会计主管人员

C. 出纳人员　　　　　　　　　　D. 实物保管人员

17. 下列各项中，属于库存现金和实物资产的清查都可采用方法的是(　　)。

A. 核对账目法　　　　　　　　　B. 技术推算法

C. 实地盘点法　　D. 发函询证法

18. 库存现金的盘亏，无法查明原因的应计入(　　)。

A. “管理费用”　　B. “营业外支出”

C. “其他应收款”　　D. “待处理财产损溢”

19. (　　)是可用于调整财产物资账簿记录的重要原始凭证。

A. 盘存单　　B. 库存现金盘点报告表

C. 账存实存对比表　　D. 残存变质物资、伪劣产品情况表

20. 对盘亏的固定资产净损失，经批准后进行会计处理。下列关于应借记会计科目的表述中，正确的是(　　)。

A. “制造费用”　　B.“生产成本”

C.“营业外支出”　　D. “管理费用”

21. 企业发生的盘盈盘亏事项经批准处理后，“待处理财产损溢”账户(　　)。

A. 可能有借方余额　　B. 可能有贷方余额

C. 无余额　　D. 以上都不对

22. 存货盘盈经批准后所作会计分录的贷方科目是(　　)。

A. “营业外支出”　　B. “管理费用”

C. “待处理财产损溢”　　D. “营业外收入”

23. 库存现金清查中，对无法查明原因的账款，经批准应计入(　　)。

A. 其他应收款　　B. 其他应付款

C. 营业外收入　　D. 管理费用

24. 2012 年 12 月 31 日，乙公司盘亏固定资产一项，其账面原价为 30 000 元，账面价值为 16 000 元，经批准后计入“营业外支出”账户的金额应为(　)元。

A. 30 000　　B. 16 000

C. 14 000　　D. 46 000

25. 企业在日常工作中发生的待处理财产损溢，通常必须在(　　)处理完毕。

A. 年报编制前　　B. 年报编制后

C. 审核批准前　　D. 审核批准后

26. 企业因债权人单位撤销而转销无法支付的应付账款时，应将所转销的应付账款计入(　　)。

A. “资本公积”　　B. “其他应付款”

C. “营业外收入”　　D. “其他业务收入”

27. 企业通过实地盘点法先确定期末存货的数量，然后倒挤出本期发出存货的数量。下列选项中，反映这种处理制度的是(　　)。

A. 权责发生制　　B. 收付实现制

C. 账面盘存制　　D. 实地盘存制

28. 某企业期初A材料库存40 000元，本月购入A材料180 000元，本月发出A材料150 000元，期末盘点后，发现A材料65 000元。采用实地盘存制A材料的发出金额为(　　)元。

A. 155 000　　B. 150 000

C. 5 000　　D. 70 000

29. 财产物资的盘存制度一般有(　　)两种。

A. 永续盘存制　实地盘存制　　B. 实地盘点法　技术推算盘点法

C. 实地盘点法　永续盘存制　　D. 实地盘存制　核对账目法

30. 现金清查时，在盘点结束后应根据盘点结果，编制(　　)。

A. 盘存单　　B. 实存账存对比表

C. 现金盘点报告表　　D. 对账单

31. 在盘点财产物资时，将多项财产物资的盘点结果应登记在(　　)上。

A. 盘存单　　B. 实存账存对比表

C. 银行对账单　　D. 现金盘点报告表

32. 银行存款的清查，就是将(　　)进行核对。

A. 银行存款日记账和总分类账

B. 银行存款日记账和银行存款收、付款凭证

C. 银行存款日记账和银行对账单

D. 银行存款总分类账与银行存款收、付款凭证

33. 在记账无误的情况下，银行对账单与银行存款日记账账面余额不一致的原因是(　　)。

A. 应付账款　　B. 应收账款

C. 外埠存款　　D. 未达账款

34. 盘亏及毁损财产物资的数额中属于责任者个人赔偿的，应计入(　　)。

A. “其他应收款”账户的借方　　B. “营业外支出”账户的借方

C. “管理费用”账户的借方　　D. “其他应收款”账户的贷方

35. 一般说来，年终决算、单位撤销、合并或改变隶属关系时，应该进行(　　)。

A. 全面清查　　B. 局部清查

C. 实地盘点　　D. 技术推算

36. 财产物资的盘存制度包括( )和实地盘存制两种。

A. 永续盘存制 B. 技术推算盘点法

C. 先进先出法 D. 核对账目盘点法

37. 现金清查时，在盘点结束后应根据盘点结果，编制( )。

A. 盘存单 B. 实存账存对比表

C. 现金盘点报告表 D. 对账单

38. 银行存款的清查，就是将( )进行核对。

A. 银行存款日记账和总分类账

B. 银行存款日记账和银行存款收、付款凭证

C. 银行存款日记账和银行对账单

D. 银行存款总分类账与银行存款收、付款凭证

39. 对于大量、成堆、难以逐一清点的财产物资的清查，一般采用( )方法进行清查。

A. 实地盘点 B. 抽查检验

C. 查询核对 D. 技术推算盘点

40. “现金盘点报告表”应由( )签章方能生效。

A. 经理和出纳 B. 会计和盘点人员

C. 盘点人员和出纳 D. 会计和出纳

41. 月末，企业可以动用的银行存款数额是( )。

A. “银行对账单”上所列余额

B. 银行存款日记账余额

C. 月末银行存款余额调节表调节后的金额

D. 对账单或银行存款日记账余额

42. 在清查中发现账外固定资产应作为( )事项进行处理。

A. 营业外收入 B. 营业外支出

C. 前期重大差错 D. 其他应收款

（二）多项选择题

1. 下列关于财产全面清查特点的表述中，正确的有( )。

A. 清查的范围广 B. 清查的内容多

C. 清查的时间长 D. 清查的花费大

2. 一般而言以下情况中，需要进行财产全面清查的有( )。

A. 单位主要负责人调离工作 B. 单位撤销、分立

C. 单位改变隶属关系 D. 开展清查核资

3. 下列各项中，进行局部财产清查正确的做法是(　　)。

A. 库存现金每月应至少清点一次　　B. 银行借款每月同银行核对一次

C. 贵重物品每月应清查盘点一次　　D. 往来款每年至少核对一至二次

4. 现金出纳每天工作结束前都要将库存现金日记账结清并与库存现金实存数核对，这属于(　　)。

A. 定期清查　　B. 不定期清查

C. 全面清查　　D. 局部清查

5. 财产清查的作用包括(　　)。

A. 保护各项财产的安全完整

B. 保证账簿记录的正确性

C. 挖掘财产物资的潜力，加速资金周转

D. 保证会计资料的真实可靠

6. 现代意义上的财产清查，包括(　　)。

A. 检查资产实存数量　　B. 检查资产质量

C. 测定资产价值量　　D. 测定资产是否减值

7. 以下情形中，应该对财产进行不定期清查的有(　　)。

A. 发现库存现金被盗　　B. 与其他企业合并

C. 年终决算时　　D. 自然灾害造成部分财产损失

8. 下列表述中，正确的有(　　)。

A. 对各项财产物资的增减数都须根据有关凭证逐笔或逐日登记有关账簿并随时结出账面余额的方法称为永续盘存制

B. 永续盘存制与实地盘存制都是确定各项实物资产账面结存数量的方法

C. 只有在永续盘存制下才可能出现财产的盘盈、盘亏现象

D. 只有在实地盘存制下才可能出现财产的盘盈、盘亏现象

9. 编制“银行存款余额调节表”时，应调整该表中“企业账面存款余额”项目的未达账项是(　　)。

A. 银行已收，企业未收　　B. 银行已付，企业未付

C. 企业已收，银行未收　　D. 企业已付，银行未付

10. 下列各项中，可能使企业银行存款日记账余额小于银行对账单余额的未达账项的有(　　)。

A. 企业已付款记账而银行尚未付款记账

B. 企业已收款记账而银行尚未收款记账

C. 银行已收款记账而企业尚未收款记账

D. 银行已付款记账而企业尚未付款记账

11. 下列关于库存现金清查的表述错误的有(　　)。

A. 出纳人员应该对库存现金进行定期或不定期的专门清查

B. 清查小组对库存现金进行清查时，出纳人员必须在场，现金应逐张查点

C. 盘点完后应编制“库存现金盘点报告表”，并由会计机构负责人和出纳人员共同签章

D. “库存现金盘点报告表”兼有盘存单和实存账存对比表的作用

12. 在下列各项中，会导致企业银行存款日记账余额小于银行对账单余额的事项有(　　)。

A. 企业开出支票，收款方尚未到银行兑现

B. 银行误将其他企业的存款计入本企业存款户

C. 银行代扣本企业水电费，企业尚未接到付款通知

D. 银行收到委托收款结算方式下的结算款项，企业尚未收到收款通知

13. 对银行存款进行清查的方法是将企业银行存款日记账与银行对账单相核对，如果两者不符，下列各项中，可能属于不符原因的有(　　)。

A. 企业账务记录有误　　B. 银行账务记录有误

C. 企业已记账，银行未记账　　D. 银行已记账，企业未记账

14. 下列关于“银行存款余额调节表”的表述中，正确的是(　　)。

A. 属于原始凭证

B. 只起对账作用

C. 编制的目的是检查账簿记录的正确性

D. 调整后的余额相等，说明双方记账正确无误

15. 下列关于往来款项清查的论述中，正确的有(　　)。

A. 往来款项的清查主要是对应收款、应付款、暂收款等款项的清查

B. 往来款项的清查一般采用向对方单位发函询证的方法进行核对

C. 在保证往来款项账户记录完整正确的基础上向对方单位填发对账单

D. 收到对方往来单位回单后，应据此编制调整有关往来款项账户记录

16. 与“待处理财产损溢”账户借方发生对应关系的账户可能有(　　)。

A. “原材料”　　B. “固定资产”

C. “应收账款”　　D. “营业外收入”

17. “待处理财产损溢”账户借方发生额登记的内容有(　　)。

A. 发生的待处理财产物资盘盈净值　B. 发生的待处理财产物资盘亏损失

C. 结转已批准处理的财产物资盘盈数　D. 结转已批准处理的财产物资盘亏数

18. 某企业在财产清查中，发现短缺设备一台，账面原值30 000元，已计提折旧10 000元，在报经批准前企业应作会计分录的借方为(　　)。

A. “待处理财产损溢”30 000 元　　B. “营业外支出”20 000 元

C. “累计折旧”10 000 元　　D. “待处理财产损溢”20 000 元

19. 某企业在财产清查过程中，发现盘亏原材料 15 200 元。经查明核实，其中属于定额范围内的合理损耗 2 000 元，由于保管人员失职造成损失 1 000 元，由于自然灾害造成损失 12 200 元。经批准，定额范围内的合理损耗按照规定处理、保管人员失职造成损失由其个人全额赔偿，自然灾害造成损失已取得保险公司全部理赔通知，上述两项应收款项均未收到。该企业下列做法中，正确的是(　　)。

A. 将定额范围内的合理损耗金额 2 000 元计入批准当期的管理费用

B. 将应由保管人员失职造成的应收赔款 1 000 元计入其他应收款

C. 将应由保险公司全部理赔的非常损失 12 200 元计入其他应收款

D. 因尚未收到保管人员、保险公司的赔款，企业可暂不作会计处理

20. 下列可作为原始凭证，据以调整账簿记录的有(　　)。

A. 现金盘点报告表　　B. 银行存款余额调节表

C. 盘存单　　D. 实存账存对比表

21. 下列业务中，需要通过“待处理财产损溢”账户核算的有(　　)。

A. 库存现金的短缺　　B. 存货的盘亏或毁损

C. 无法收回的应收账款　　D. 固定资产的清理

22. 在“待处理财产损溢”账户贷方登记的有(　　)。

A. 等待批准处理的财产盘亏、毁损　B. 经批准转销的财产盘亏、毁损

C. 等待批准处理的财产盘盈　　D. 经批准转销的财产盘盈

23. 企业下列(　　)会影响管理费用。

A. 企业盘点库存现金，发生库存现金的盘亏

B. 存货盘点，发现存货盘亏，由管理不善造成的

C. 固定资产盘点，发现固定资产盘亏，盘亏的净损失

D. 库存现金盘点，发现无法查明原因的现金溢余

24. 财产清查，按清查的时间可分为(　　)，按清查的范围可分为(　　)。

A. 全面清查　　B. 局部清查

C. 定期清查　　D. 不定期清查

25. 核对账目的方法适用于(　　)。

A. 委托外单位加工、保管的材料、商品

B. 现金的清查

C. 银行存款的清查

D. 往来款项的清查

26. 下列资产中，可以采用实地盘点法进行清查的是(　　)。

A. 固定资产　　B. 库存商品

C. 银行存款　　D. 现金

27. 全面清查的时间一般是(　　)。

A. 年末　　B. 月末

C. 开展清产核资时　　D. 单位撤销、改变隶属关系时

28. 财产物资清查中，常用的方法有(　　)。

A. 技术推算盘点法　　B. 局部清查法

C. 实地盘点法　　D. 余额调节法

29. 流动资产的盘亏和毁损，经批准后所编的会计分录，借方账户可能有(　　)。

A. "管理费用"　　B. "营业外支出"

C. "待处理财产损溢"　　D. "其他应收款"

30. 实物资产清查应编制的原始凭证包括(　　)。

A. 盘存单　　B. 往来项目查询单

C. 账存实存对比表　　D. 银行对账单

31. 在财产清查结果的账务处理中，经批准计入"营业外支出"的盘亏损失有(　　)。

A. 固定资产盘亏净损失　　B. 自然灾害造成的流动资产损失

C. 盘亏的现金损失　　D. 责任事故造成的流动资产损失

32. 关于永续盘存制，下列(　　)的说法是正确的。

A. 便于加强会计监督　　B. 工作简单，工作量小

C. 可随时给出账面结存数　　D. 可能发生账实不符的情况

33. 关于企业编制的"银行存款余额调节表"，下列(　　)的说法是正确的。

A. "银行存款余额调节表"可作为调节账面余额的凭据

B. "银行存款余额调节表"确定企业可实际动用的款项

C. 调节后如果双方余额相等，则一般说明银行存款账实相符

D. "银行存款余额调节表"应由出纳人员单独编制完成

34. 财产清查，按清查的时间可分为(　　)。

A. 全面清查　　B. 局部清查

C. 定期清查　　D. 不定期清查

35. 核对账目的方法适用于(　　)。

A. 固定资产的清查　　B. 现金的清查

C. 银行存款的清查　　D. 往来款项的清查

36. 采用实地盘点法进行清查的是(　　)。

A. 固定资产　　B. 产成品

C. 现金　　D. 银行存款

37. 财产物资清查中，常用的方法有(　　)。

A. 技术推算盘点　　B. 局部清查

C. 实地盘点　　D. 余额调节

38. 财产物资的盘存制度有(　　)。

A. 实地盘点法　　B. 技术推算盘点

C. 永续盘存制　　D. 实地盘存制

39. 流动资产的盘亏和毁损，经批准后，所编的会计分录，涉及的账户有(　　)。

A. “管理费用”的借方　　B. “营业外支出”的借方

C. “待处理财产损溢”的贷方　　D. “其他应收款”的借方

40. 下列属于未达账项的有(　　)。

A. 企业收到支票存入银行，并已记账银行存款增加，银行尚未记账

B. 银行代企业付水电费，企业尚未入账

C. 企业开出一张支票支付购料款，并记账银行存款减少，银行未接到支票

D. 银行收到某单位给企业的汇款，已记账银行存款增加，企业尚未收到通知

41. 在财产清查结果的账务处理中，经批准计入“营业外支出”的盘亏损失有(　　)。

A. 固定资产盘亏净损失　　B. 自然灾害造成的流动资产损失

C. 坏账损失　　D. 责任事故造成的流动资产损失

42. 关于“待处理财产损溢”账户，下列(　　)是正确的。

A. 借方登记账待处理财产物资盘亏净额

B. 借方登记账结转已批准处理财产物资盘盈数

C. 贷方登记账待处理财产物资盘盈数及结转已批准处理财产物资盘盈净额

D. 期末余额在借方，表示待处理的盘盈或盘亏数

(三) 判断题

1. 通过财产清查可以做到账证相符、账物相符。(　　)

2. 在财产清查中，如出现账存数小于实存数，则表明该财产盘亏了。(　　)

3. 财产清查是指通过对货币资金、实物资产和往来款项的盘点和核对，确定其实存数，并查明账存数与实存数是否相符的一种专门方法。(　)

4. 财产清查是企业一项重要的管理制度，但不是会计核算的一种专门方法。(　)

5. 财产清查时应本着先认定质量，后清查数量、核对有关账簿记录等原则进行。(　)

6. 定期财产清查一般在结账以后进行。(　)

7. 企业财产的全面清查必须定期进行，局部清查则根据需要不定期进行。(　)

8. 未达账项只在企业与银行之间发生，企业与其他企业之间不会发生未达账项。(　)

9. 为了确保银行存款账实相符，企业应根据银行存款余额调节表及时登记入账。(　)

10. 货币资金的清查均应采用实地盘点的方法进行。(　)

11. 银行存款日记账和银行对账单都正确时，二者的余额仍然有可能不一致。(　)

12. 实物盘点法适用于大量成堆而无法逐一清点或准确计量的实物资产，如煤炭等大宗物资的清查。(　)

13. 技术推算法是按照一定标准推算出实物资产实有数的一种方法。(　)

14. 企业破产或被兼并时，需要对企业的部分财产进行重点清查。(　)

15. 对实物财产清查时，既要清查数量又要检验质量。(　)

16. 企业对于与外部单位往来款项的清查，一般采取编制对账单寄交给对方单位的方式进行，因此属于账账核对。(　)

17. 财产清查中，对于银行存款、各种往来款项至少每月与银行或有关单位核对一次。(　)

18. 在进行现金和存货清查时，出纳人员和实物保管人员不得在场。(　)

19. 企业盘亏的固定资产应通过“固定资产清理”账户核算。(　)

20. 某企业进行财产清查时，发现盘亏设备一台，其账面原价为 50 000 元，已提折旧 15 000 元，应编制会计分录：借：待处理财产损溢 35 000 元；贷：固定资产 35 000 元。(　)

21. 单位财产清查中查明的固定资产盘盈，应计入营业外收入。(　)

22. 库存现金清查中，对无法查明原因的长款，经批准应计入“资本公积——其他资本公积”。(　)

23. 盘亏的固定资产，按同类或类似固定资产的重置价值，减去根据其新旧

程度估计的已计提折旧后的余额作为入账价值。(　　)

24. 盘盈的存货应当按照同类或类似存货的重置成本作为实际成本。(　　)

25. 因平时计量误差所导致的存货盘盈，经批准后应冲减管理费用。(　　)

26. 企业盘盈盘亏的固定资产先要计入“待处理财产损溢”，等经过批准后再计入营业外收入或营业外支出。(　　)

27. 盘盈固定资产的入账价值应是其净值。(　　)

28. 存货清查过程中发现的存货超定额损耗应当计入“营业外支出”账户核算。(　　)

29. 企业的财产清查无论什么情况，均应先通过“待处理财产损溢”账户，最后再转入“营业外收入”或“营业外支出”账户。(　　)

30. 对于盘盈或盘亏的财产物资，需在期末结账前处理完毕，如在期末结账前尚未经批准处理的，等批准后进行处理。(　　)

31. 对于财产清查结果的账务处理一般分两步进行，即审批前先调整有关账面记录，审批后转入有关账户。(　　)

32. 进行财产清查时，如发现账存数小于实存数，即为盘亏。(　　)

33. 对于现金的清查，一般采用实地盘点法。　　(　　)

34. 对于银行已登记入账，企业尚未登记入账的未达账项，可以根据“银行存款调节表”记入企业的银行存款日记账。(　　)

35. 存货的盘亏、毁损和报废，在报批后均应计入“管理费用”科目。(　　)

36. 财产清查是指在永续盘存制下账实核对的一种专门方法。(　　)

37. 对于库存现金，只要保证出纳人员每天与日记账核对相符，就无须专门进行清查。(　　)

38. 对于银行存款的清查，一般采用实地盘点法。(　　)

39. 对于银行已登记入账，企业尚未登记入账的未达账项，可以根据“银行存款余额调节表”登记企业银行存款日记账。(　　)

40. 固定资产如发生盘盈，应通过“待处理财产损溢——待处理固定资产损溢”账户进行核算。(　　)

41. 银行存款余额调节表应由出纳人员单独编制完成。(　　)

42. 实地盘存制下，进行期末盘点的目的在于核对账实是否相符。(　　)

43. 永续盘存制下，财产清查的目的在于确定本期发出数。

44. 盘存单、实存账存对比表、银行对账单都是财产清查中使用的原始凭证。(　　)

（四）计算分析题

XYZ 公司 2012 年 9 月 30 日银行存款日记账余额为 98 500 元，9 月底公司与银行往来的其余资料如下：

（1）9 月 30 日收到购货方转账支票一张，金额为 12 600 元，已经送存银行，但银行尚未入账。

（2）本公司当月的水电费用 800 元银行已代为支付，但公司未接到通知而尚未入账。

（3）本公司当月开出的用以支付供货方货款的转账支票，尚有 4 500 元未兑现。

（4）本公司送存银行的某客户转账支票 35 000 元，因对方存款不足而被退票，而公司未接到通知。

（5）公司委托银行代收的款项 22 000 元，银行已转入本公司的存款账户，但本公司尚未收到通知入账。

要求：完成下列 XYZ 公司的银行存款余额调节表。

银行存款余额调节表

编制单位：XYZ 公司　　　　　　　2012 年 9 月 30 日　　　　　　　单位：元

项　目	金额	项　目	金额
企业银行存款日记账余额	98 500	银行对账单余额	76 600
加：银行已收企业未收的款项合计	①	加：企业已收银行未收的款项合计	③
减：银行已付企业未付的款项合计	800	减：企业已付银行未付的款项合计	④
调节后余额	②	调节后余额	⑤

（五）计算题

1. 中亚公司 2010 年 7 月初库存材料面粉的余额为 400 千克，每千克 3 元，7 月份发生下列面粉收发业务：

（1）7 月 10 日，购进面粉 1 000 千克，每千克 3 元已入库。

（2）7 月 15 日，生产领用面粉 200 千克，每千克 3 元。

（3）7 月 23 日，购进面粉入库 600 千克，每千克 3 元。

（4）7 月 28 日，生产领用面粉 70 千克，每千克成本 3 元。

要求：根据资料，用永续盘存制方法，登记面粉明细账并计算账面结存数额。

2. 中亚公司 2010 年 7 月初库存材料鲜虾的余额为 50 千克，每千克 18 元，7 月份发生下列鲜虾收发业务：

（1）7 月 10 日，购入鲜虾 100 千克，每千克 18 元已入库。

（2）7月15日，生产虾片领用鲜虾。

（3）7月23日，购进鲜虾入库60千克，每千克18元。

（4）7月28日，生产虾片领用鲜虾。

（5）月末，经实地盘点，库存材料鲜虾30千克。

要求：根据资料，采用实地盘存制登记鲜虾明细账，并计算该材料本月耗用数量和金额，鲜虾的单价按18元计算。

（六）综合实训题

实训

【实训目的】掌握财产清查结果的账务处理。

【实训资料】2010年6月30日，中亚公司对所售商品进行局部财产清查，清查结果如下：

1. 运康牌面粉的账面余额为4 800千克，实存数为4 790千克，盘亏10千克，该商品单价每千克3元。

2. 经查，上述运康牌面粉盘亏为定额内损耗，经批准后可转入企业管理费用。

3. 绿色生态鸡蛋账面余额为6 500千克，实存数为6 520千克，盘盈20千克，该商品每千克24元。

4. 经查，上述绿色生态鸡蛋盘盈系计量误差所致，经批准后冲减管理费用。

5. 水润牌大米账面余额365千克，实存数为360千克，盘亏5千克，该商品每千克16元。

6. 经查，上述大米盘亏系保管人员责任心不强造成的损失，经批准责令其赔款，赔款尚未收到。

7. 企业发生火灾事故，仓库所存电压锅1 000件全部报废，每件单位成本为260元，清理后收回残料2 000元入库。经批准，A产品损失除由保险公司赔偿10万元外，其余的列作营业外支出。

【实训要求】根据上述资料，进行有关的账务处理。

第三部分 案例分析与讨论

1. 四通公司是一家建筑材料销售企业，在2010年10月30日将银行存款日记账与银行对账单进行核对，发现有一笔15万元的账项对不上，经过多方查找发现了一张银行收款的通知单被重复记账，马上进行了更正。12 月 30 日公司收到了银行对账单，经过编制银行存款余额调节表后发现 6 笔未达账项，财务部根据银行对账单进行记账更正。请问财务部的处理是否正确？为什么？

2. 江淮公司内部控制有关设计和运行的部分内容摘录如下：

（1）为加强货币支付管理，货币资金支付审批实行分级管理办法；单笔付款金额在 10 万元以下的，由财务部经理审批；单笔付款金额在 10 万元以上、50 万元以下的，由财务总监审批；单笔付款金额在 50 万元以上的，由总经理审批。

（2）仓库保管员负责登记存货明细账，以便对仓库中的所有存货项目的收、发、存进行永续记录。

（3）在发出原材料过程中，仓库部门根据生产部门开出的领料单发出原材料。领料单必须列明所需原材料的数量和种类，以及领料部门的名称。领料单可以一料一单，也可以多料一单，通常需一式两联，仓库部门发出原材料后，其中一联连同原材料交还领用部门，一联留仓库部门据以登记原材料明细账。

请分析：江淮公司的内部控制有什么弱点或缺陷？如何解决？

第四部分　拓展训练

1. 在实际工作中，造成各项财产物资账实不符的情况主要有哪些？

2. 利用教学资源查阅实地盘存制和永续盘存制的异同点。

第十章　财务报表

第一部分　考点必会

第一节　财务报表概述

1. 下列项目中，属于财务会计报告目标的主要内容有(　　)。

A. 向财务会计报告使用者提供与企业财务状况有关的会计信息

B. 向财务会计报告使用者提供与企业经营成果有关的会计信息

C. 反映企业管理层受托责任履行情况

D. 反映国家宏观经济管理的需要

2. 会计报表是根据总分类账、明细分类账和日记账的记录定期编制的。(　　)

3. 企业年度、半年度财务报表应当包括(　　)。

A. 资产负债表和利润表

B. 会计账簿

C. 会计报表附注

D. 现金流量表

4. 下列会计报表中，属于中期会计报表的有(　　)。

A. 月度会计报表

B. 季度会计报表

C. 半年度会计报表

D. 年度会计报表

5. 为了编报及时，所以会计人员可以提前对公司账簿进行结账。(　　)

第二节　资产负债表

考点一　资产负债表的概念和作用

6. 资产负债表是反映企业某一特定日期财务状况的动态会计报表。(　　)

7. 会计报表使用者借助于资产负债表提供的会计信息，可以从中分析的有(　　)。

A. 企业资产的结构及其状况　　B. 企业需要承担的债务数额

C. 企业经营活动的盈利能力　　D. 企业经营活动的现金流量

考点二　资产负债表的格式

8. 关于资产负债表的格式，下列各项表述中，不正确的是(　　)。

A. 我国企业的资产负债表采用报告式结构

B. 资产负债表左方为资产项目，按资产的流动性大小排列

C. 资产负债表右方为负债和所有者权益项目，按求偿权先后顺序排列

D. 资产负债表的平衡等式是："资产 = 负债 + 所有者权益"

9. 我国企业的资产负债表采用(　　)结构，分为左右两方。

A. 借贷式　　B. 账户式

C. 表格式　　D. 收付式

考点三　资产负债表的编制方法

10. 某企业2012年12月31日固定资产账户余额为3 000万元，累计折旧账户余额为900万元，固定资产减值准备账户余额为100万元，工程物资账户余额为200万元。该企业2012年12月31日资产负债表"固定资产"项目的金额应为(　　)万元。

A. 3 200　　B. 3 000

C. 2 200　　D. 2 000

11. 某企业"原材料"期末余额100 000元，"生产成本"期末余额50 000元，"库存商品"期末余额120 000元，"存货跌价准备"期末余额10 000元。则资产负债表"存货"项目应填列的是(　　)元。

A. 300 000　　B. 260 000

C. 280 000　　D. 270 000

12. 资产负债表"期末数"的填列方法有(　　)。

A. 根据总账余额直接填列　　B. 根据总账余额计算填列

C. 根据明细账余额直接填列　　D. 根据明细账余额计算填列

第三节 利润表

考点四　利润表的概念与作用

13. 利润表是反映企业在一定期间的经营成果及其分配情况的报表。(　　)

14. 通过利润表，可以帮助报表使用者全面了解企业的财务状况，分析企业的债务偿还能力，从而为未来的经济决策提供参考信息。(　　)

考点五　利润表的格式

15. 下列关于利润表的说法中，正确的有(　　)。

A. 利润表又称损益表

B. 利润表由表头、表身和表尾等部分组成

C. 利润表的格式主要有单步式和多步式两种

D. 我国利润表采用多步式结构

16. 我国企业利润表采用多步式，其分步计算的指标有(　　)。

A. 营业收入　　B. 营业利润

C. 利润总额　　D. 净利润

考点六　利润表的编制方法

17. 下列等式中，正确的有(　　)。

A. 营业利润 = 营业收入 – 营业成本 – 营业税金及附加 – 期间费用 – 资产减值损失 + 公允价值变动收益（ – 公允价值变动损失） + 投资收益（ – 投资损失）

B. 期间费用 = 管理费用 + 销售费用 + 财务费用

C. 利润总额 = 营业利润 + 营业外收入 – 营业外支出

D. 净利润 = 利润总额 – 所得税费用

18. G 公司 2013 年 1 月份利润表“本期金额”栏有关数字如下：营业利润 32 000 元，营业外收入 5 000 元，营业外支出 50 000 元。G 公司 1 月份利润总额为(　　)元。

A. –32 000　　B. 32 000

C. 13 000　　D. –13 000

第二部分 过关必练

(一) 单项选择题

1. (　　)是反映企业在一定时期内经营成果及获利能力的会计报表。

A. 现金流量表　　B. 资产负债表

C. 股东权益增减变动表　　D. 利润表

2. 下列报表中，不属于企业财务报表的是(　　)。

A. 资产负债表　　B. 利润表

C. 现金流量表　　D. 成本计算表

3. 以母公司和子公司组成的企业集团为会计主体，根据母、子公司的会计报表，有母公司编制的综合反映企业集团财务状况、经营成果及现金流量的会计报表属于(　　)。

A. 内部报表　　B. 外部报表

C. 个别报表　　D. 合并报表

4. 下列各项中，属于对会计报表的编制基础、编制依据、编制原则和方法及主要项目等所作解释的是(　　)。

A. 管理层讨论与分析　　B. 董事会报告

C. 会计报表附注　　D. 财务情况说明书

5. 下列关于财务报表的表述中，正确的是(　　)。

A. 资产负债表中确认的资产为企业拥有的资产

B. 资产负债表中的各报表项目均按有关账户期末余额直接填列

C. 利润表是指反映企业在某一特定日期经营成果的会计报表

D. 并非所有的企业均须编制现金流量表

6. 年度财务报表应于年度终了后(　　)个月报出。

A. 1　　B. 2

C. 3　　D. 4

7. 半年度财务报表应于半年度终了后(　　)对外提供。

A. 15 天　　B. 60 天

C. 3 个月　　D. 4 个月

8. 季度财务报表应于每季度终了后的(　　)日内报出。

A. 10　　B. 15

C. 6　　D. 30

9. 资产负债表中所有者权益各项目自上而下的排列顺序是(　　)。

A. 盈余公积、资本公积、未分配利润、实收资本

B. 实收资本、盈余公积、资本公积、未分配利润

C. 资本公积、盈余公积、未分配利润、实收资本

D. 实收资本、资本公积、盈余公积、未分配利润

10. 下列各项不在资产负债表中反映的是(　　)。

A. 未分配利润　　B. 实收资本

C. 所得税费用　　D. 盈余公积

11. 下列项目中，属于非流动负债项目的是(　　)。

A. 应付票据　　B. 应付债券

C. 应付股利　　D. 应付职工薪酬

12. 资产负债表中，资产项目按照(　　)排列。

A. 相关性大小　　B. 重要性大小

C. 可比性高低　　D. 流动性大小

13. 资产负债表中，负债项目按照(　　)排列。

A. 项目的重要性程度　　B. 项目的金额大小

C. 项目的支付性大小　　D. 清偿债务的先后

14. 资产负债表附注的内容，是根据实际需要和有关(　　)等的记录分析填列。

A. 记账凭证　　B. 明细账

C. 总账　　D. 备查账

15. “预收账款”账户所属明细账户中期末如有借方余额，应将其计入资产负债表的(　　)。

A. “预付账款”　　B. “预收账款”

C. “其他应收款”　　D. “应收账款”

16. 企业年度终了资产负债表中“未分配利润”项目的数额等于(　　)。

A. 企业当年的留存收益

B. 企业当年实现的税后利润（或亏损）

C. 企业当年实现的税后利润（或亏损）加上以前年度未分配利润（或亏损）

D. 企业当年实现的税后利润（或亏损）加上年初未分配利润（或亏损），减去当年提取的盈余公积及分配给股东的利润之后的余额

17. 下列各项中，属于“预付账款”项目填列依据的是(　　)。

A. 应付账款和预付账款总账科目所属明细科目的期末借方余额之和

B. 预付账款和预收账款总账科目所属明细科目的期末借方余额之和

C. 应付账款和应收账款总账科目所属明细科目的期末借方余额之和

D. 应付账款和预收账款总账科目所属明细科目的期末借方余额之和

18. 下列资产负债表项目中，可直接根据某一总账余额填列的是(　　)。

A. 货币资金　　B. 交易性金融资产

C. 存货　　D. 应收账款

19. 某日，大华公司的负债为 7 455 万元、非流动资产合计为 4 889 万元、所有者权益合计为 3 000 万元，则当日该公司的流动资产合计应当为(　　)万元。

A. 2 556　　B. 4 455

C. 1 899　　D. 5 566

20. 某企业“应付账款”明细账期末余额情况如下：X 企业贷方余额为 200 000元，Y 企业借方余额为 180 000 元，Z 企业贷方余额为 300 000 元。假如该企业预付账款明细账均为借方余额，则根据以上数据计算的反映在资产负债表上“应付账款”项目的数额为(　　)元。

A. 680 000　　B. 320 000

C. 500 000　　D. 80 000

21. 某企业有关账户期末余额如下：“原材料”借方余额 65 000 元，“库存商品”借方余额 60 000 元，“生产成本”借方余额 25 000 元，“材料成本差异”贷方余额 2 500 元，则本期期末资产负债表的“存货”项目的“期末余额”栏应填列的金额是(　　)元。

A. 125 000　　B. 147 500

C. 150 000　　D. 152 500

22. H 公司年末“应收账款”科目的借方余额为 100 万元，“预收账款”科目的贷方余额为 150 万元，其中，明细账的借方余额为 15 万元，贷方余额为 165 万元。“应收账款”对应的“坏账准备”期末余额为 8 万元，该企业年末资产负债表中“应收账款”项目的金额为（　　）万元。

A. 165　　B. 150

C. 115　　D. 107

23. 2013 年 1 月 31 日，扬帆公司有关账户期末余额及有关资料如下：“固定资产”账户借方余额为 8 700 000 元，“累计折旧”账户贷方余额为 2 600 000 元，“固定资产清理”账户贷方余额为 400 000 元，“固定资产减值准备”账户贷方余额为600 000元。扬帆公司2013年1月31日资产负债表中“固定资产”项目“期末余额”栏的金额为(　　)元。

A. 8 700 000　　B. 5 100 000

C. 5 500 000　　D. 6 700 000

24. 编制资产负债表时，应根据总账科目和明细科目余额分析计算填列的项目有(　　)。

A. 长期借款　　B. 交易性金融资产

C. 货币资金　　D. 长期股权投资

25. 会计报表中“公允价值变动损益”项目中的金额是根据该账户(　　)分析填列。

A. 期初借方余额　　B. 本期发生额

C. 期末借方余额　　D. 期末余额

26. 甲企业本期主营业务收入为500万元，主营业务成本为300万元，其他业务收入为200万元，其他业务成本为100万元，销售费用为15万元，资产减值损失为45万元，公允价值变动收益为60万元，投资收益为20万元，假定不考虑其他因素，该企业本期营业利润为(　　)万元。

A. 300　　B. 320

C. 365　　D. 380

27. 某年12月31日编制的利润表中“本期金额”一栏反映了(　　)。

A. 12月31日利润或亏损的形成情况　　B. 12月累计利润或亏损的形成情况

C. 12月份利润或亏损的形成情况　　D. 第4季度利润或亏损的形成情况

28. 下列各项中，不应在利润表“营业收入”项目列示的是(　　)。

A. 政府补助收入　　B. 设备安装劳务收入

C. 代修品销售收入　　D. 固定资产出租收入

29. 反映某一特定期间财务成果的报表是(　　)。

A. 资产负债表　　B. 损益表

C. 产品成本表　　D. 现金流量表

30. 资产负债表填列的依据是(　　)。

A. 总账各账户余额　　B. 总账各账户本期发生额

C. 总账各账户余额和某些明细账余额　　D. 总账发生额和明细账发生额

31. 资产负债表中的资产项目和流动资产项目都是(　　)排列。

A. 按其流动性　　B. 按其重要性

C. 按其有用性　　D. 按其随意性

32. 我国企业损益表采用(　　)。

A. 账户式　　B. 单步式

C. 报告式　　D. 多步式

33. 在编制资产负债表时，下列项目中采用直接填列法填列的有(　　)。

A. 应收账款　　B. 应付账款

C. 存货　　D. 未付利润

34. 在编制资产负债表时，下列项目中采用分析计算填列法填列的有(　　)。

A. 应收账款　　B. 产成品

C. 未交税金　　D. 实收资本

35. “资产负债表”中期末栏的数字，大多是根据总分类账户和有关明细分类账户的(　　)填列的。

A. 期初余额　　B. 期末余额

C. 本期发生额合计　　D. 累计发生额合计

36. “损益表”中的本期栏各项目数字是根据收入类和费用类账户的(　　)填列的。

A. 期初余额　　B. 期末余额

C. 本期发生额合计　　D. 累计发生额合计

37. 资产负债表中资产项目排列顺序的依据是(　　)。

A. 项目的收益性　　B. 项目的重要性

C. 项目的流动性　　D. 项目的时间性

38. 下列资产负债表项目中，不可以直接根据总账期末余额直接填列的项目是(　　)。

A. 资本公积　　B. 短期借款

C. 长期借款　　D. 应付股利

39. 光明有限责任公司2010年9月30日“应收账款”明细账借方余额合计为280 000元，贷方余额合计为73 000元，针对应收账款计提的坏账准备贷方余额为680元，“预收账款”明细账借方余额合计为8 000元，贷方余额合计为220 000元，则资产负债表的“应收账款”项目应为(　　)元。

A. 280 000　　B. 206 320

C. 287 320　　D. 293 000

40. 企业某会计期间“固定资产”账户期末余额为1 000 000元，“累计折旧”账户期末余额为400 000元，“固定资产减值准备”账户余额为150 000元。资产负债表中“固定资产”项目应填列(　　)元。

A. 600 000　　B. 1 000 000

C. 850 000　　D. 450 000

41. 企业本期全部损益状况如下：主营业务收入 586 000 元，主营业务成本 467 000 元，营业税金及附加 24 000 元，管理费用 60 000 元，营业外收入 12 000 元，所得税费用 11 000 元，则企业本期营业利润为(　　)元。

A. 119 000　　B. 95 000

C. 35 000　　D. 36 000

42. 下列选项中，反映资产负债表内有关所有者权益项目排列顺序的是(　　)。

A. 实收资本、资本公积、盈余公积、未分配利润

B. 资本公积、实收资本、盈余公积、未分配利润

C. 盈余公积、资本公积、未分配利润、实收资本

D. 未分配利润、实收资本、资本公积、盈余公积

43. 反映企业一定会计期间经营成果的会计报表是(　　)。

A. 资产负债表　　B. 利润表

C. 现金流量表　　D. 产品成本报表

44. 资产负债表中的“应付账款”项目，应(　　)。

A. 直接根据“应付账款”总账账户的期末贷方余额填列

B. 根据“应付账款”明细账账户的期末贷方余额和“应收账款”明细账账户的期末贷方余额计算填列

C. 根据“应付账款”明细账账户的期末贷方余额和“预收账款”明细账账户的期末贷方余额计算填列

D. 根据“应付账款”账户和“预付账款”账户所属相关明细账户的期末贷方余额计算填列

45. 企业利润表是通过分步计算确认当期实现的净利润，其顺序依次是(　　)。

A. 营业利润、投资净收益、营业外收支净额、净利润

B. 营业利润、利润总额、净利润

C. 产品销售利润、营业利润、利润总额、净利润

D. 产品销售利润、销售毛利、利润总额、净利润

46. (　　)应保证会计报表的真实和完整。

A. 总会计师　　B. 主管会计工作的负责人

C. 会计机构负责人（会计主管人员）　　D. 单位负责人

（二）多项选择题

1. 财务报表的使用者有(　　)。

A. 投资者 B. 债权人
C. 社会公众 D. 政府有关部门

2. 企业对外报送的财务报表包括( )。
A. 资产负债表 B. 现金流量表
C. 会计报表附注 D. 利润表

3. 会计报表的分类可以按( )。
A. 反映经济内容不同 B. 服务对象不同
C. 编制时间不同 D. 编制基础不同

4. 下列会计报表中，属于月报的有( )。
A. 资产负债表 B. 利润表
C. 现金流量表 D. 财务情况说明书

5. 根据企业会计制度的规定，下列属于会计报表附注内容的是( )。
A. 关联方关系及其交易的说明 B. 不符合基本会计建设的说明
C. 重大投资、融资活动 D. 重要资产的转让以及出售情况

6. 下列关于资产负债表意义的表述中，正确的有( )。
A. 分析企业在某一日期所拥有的经济资源及其分布情况
B. 分析企业目前与未来需要支付的债务数额
C. 可以反映企业现有投资者在企业资产总额中所占的份额
D. 可以反映企业的盈利能力

7. 资产负债表左方反映的经济内容有( )。
A. 流动负债 B. 流动资产
C. 长期投资 D. 无形资产及其他资产

8. 下列项目中，列示在资产负债表右方的有( )。
A. 非流动资产 B. 非流动负债
C. 流动负债 D. 所有者权益

9. 下列应该包括在资产负债表存货项目的有( )。
A. 工程物资 B. 在途物资
C. 委托代销商品 D. 周转材料

10. 资产负债表中“期末数”的来源有( )。
A. 总账余额 B. 明细账余额
C. 科目汇总表 D. 备查登记账簿记录

11. 不能直接根据总分类账户余额填列的资产负债表项目有( )。
A. 交易性金融资产 B. 货币资金
C. 存货 D. 应收账款

12. 资产负债表中的“货币资金”项目，应根据(　　)科目期末余额的合计数填列。

A. “备用金”　　B. “其他货币资金”

C. “银行存款”　　D. “库存现金”

13. 编制资产负债表时，下列项目中需根据有关总账账户期末余额分析计算填列的有(　　)。

A. 货币资金　　B. 长期借款

C. 存货　　D. 应付债券

14. 下列资产负债表各项目不能以总账余额直接填列的有(　　)。

A. 短期借款　　B. 应收账款

C. 货币资金　　D. 存货

15. 在编制资产负债表时，应根据总账科目的期末借方余额直接填列的项目有(　　)。

A. 固定资产清理　　B. 交易性金融资产

C. 短期借款　　D. 应付利息

16. 下列各种物资中，应该作为企业存货核算的有(　　)。

A. 委托加工物资　　B. 分期收款发出商品

C. 低值易耗品　　D. 在途物资

17. 下列各项中，属于单步式利润表的缺点的有(　　)。

A. 不利于报表使用者分析企业经营业绩的主要来源和构成

B. 不利于比较不同单位之间的利润构成

C. 不利于预测企业未来的盈利能力

D. 不利于项目分类

18. 下列各项中，影响企业利润总额计算的有(　　)。

A. 营业收入　　B. 营业外支出

C. 营业外收入　　D. 投资收益

19. 下列各项中，应列入利润表“资产减值损失”项目的有(　　)。

A. 原材料盘亏损失　　B. 固定资产减值损失

C. 应收账款减值损失　　D. 无形资产处置净损失

20. 下列各项中，影响企业营业利润的有(　　)。

A. 出售原材料损失　　B. 计提无形资产减值准备

C. 公益性捐赠支出　　D. 出售交易性金融资产损失

21. 下列各项中，应列入利润表“营业成本”项目的有(　　)。

A. 销售材料成本　　B. 无形资产处置净损失

C. 固定资产盘亏净损失　　　　　　D. 经营出租固定资产折旧费

22. 利润表中，“营业成本”项目的“本期金额”，应根据(　　)账户的本期发生额计算填列。

A. 生产成本　　　　　　　　　　B. 主营业务成本

C. 其他业务成本　　　　　　　　D. 劳务成本

23. 编制多步式利润表的第一步和第三步是(　　)。

A. 以营业收入为基础，计算营业利润

B. 以营业收入为基础，计算利润总额

C. 以营业利润为基础，计算利润总额

D. 以利润总额为基础，计算净利润

24. 会计报表的使用者有(　　)。

A. 投资者　　　　　　　　　　　B. 债权人

C. 各级主管机关和国家经济管理机关 D. 企业内部管理人员和职工

25. 利用资产负债表的资料，可以了解(　　)。

A. 企业资产数额和分布情况　　　B. 债权人和所有者权益及其构成情况

C. 企业财务实力　　　　　　　　D. 企业短期偿债能力和支付能力

26. 填列资产负债表期末数，可以分别采用的具体方法有(　　)。

A. 根据总账科目或明细科目的期末余额直接填列

B. 根据若干总账科目的期末余额计算填列

C. 根据若干明细科目的期末余额计算填列

D. 根据会计凭证直接填列

27. 在编制资产负债表时，需要根据若干明细账户的期末余额计算填列的项目有(　　)。

A. 存货　　　　　　　　　　　　B. 应收账款

C. 坏账准备　　　　　　　　　　D. 应付账款

28. 下列账户中，可能影响资产负债表中“应付账款”项目金额的有(　　)。

A. 应收账款　　　　　　　　　　B. 预收账款

C. 应付账款　　　　　　　　　　D. 预付账款

29. 按会计报表编制时间不同，可分为(　　)。

A. 汇总报表　　　　　　　　　　B. 年度报表

C. 季度报表　　　　　　　　　　D. 月份报表

30. 会计报表按反映的经济内容不同，可以分为(　　)。

A. 静态报表　　　　　　　　　　B. 动态报表

C. 单位报表　　D. 合并报表

31. 下列属于资产负债表中的“存货”项目反映的内容是(　　)。

A. 原材料　　B. 库存商品

C. 在途物资　　D. 生产成本

32. 按照《企业会计准则》的规定，企业对外提供的会计报表主要包括(　　)。

A. 资产负债表　　B. 利润表

C. 现金流量表　　D. 所有者权益变动表及附注

33. 资产负债表中的“货币资金”项目，应根据(　　)账户期末余额的合计数填列。

A. 委托贷款　　B. 库存现金

C. 银行存款　　D. 其他货币资金

34. 下列各项内容无须在资产负债表上单独列示的是(　　)。

A. 坏账准备　　B. 累计折旧

C. 无形资产　　D. 实收资本

35. 会计报表的表头部分包括以下几个要素(　　)。

A. 表名　　B. 编表单位

C. 编表时间　　D. 货币计量单位

36. 下列属于资产负债表项目的是(　　)。

A. 固定资产　　B. 应交税费

C. 未分配利润　　D. 所得税费用

37. 下列资产负债表项目中，需要根据明细账户的期末余额计算分析填列的有(　　)。

A. 存货　　B. 货币资金

C. 应收账款　　D. 应付账款

38. 有关利润表说法正确的是(　　)。

A. 它是反映企业在一定时期经营成果的会计报表

B. 它是动态报表

C. 报表右边的金额数字包括本期金额和上期金额

D. 投资损失和利润总额为亏损均以“—”号填列

39. 编制资产负债表中的“预收账款”项目，应根据(　　)明细账户的余额分析填列。

A. 预收账款　　B. 应付账款

C. 预付账款　　D. 应收账款

（三）判断题

1. 会计报表是根据账簿资料和原始凭证定期编制，总括地反映某一特定会计主体的财务状况、经营成果和现金流量情况的书面文件。（ ）

2. 资产负债表和利润表是静态报表，现金流量表是动态报表。（ ）

3. 年度、半年度、季度的企业财务报表包括会计报表、会计报表附注。（ ）

4. 根据我国的会计年度，半年度会计期间是特指自每年的1月1日至6月30日和7月1日至12月31日。（ ）

5. 会计报表附注应当说明企业生产经营的基本情况、利润实现和分配情况、资金增减速和周转情况，以及对企业财务状况、经营成果和现金流量有很大影响的其他事项等。（ ）

6. 会计法规制度要求提供的财务报表，应该全部编制、报送；应当填列的报表指标，应分别按照表内、表外和补充资料的披露要求全部填列披露。（ ）

7. 资产负债表是时点报表，利润表是时期报表，前者主要反映一个企业的财务状况及偿债能力，后者主要反映企业的获利能力。（ ）

8. 资产负债表是将企业某一时期的全部资产、负债和所有者权益项目进行适当分类、汇总和排列后编制而成的。（ ）

9. 通过资产负债表，可以了解单位某一特定日期的权益结构。（ ）

10. 资产负债表的格式主要有账户式和报告式两种，我国采用的是报告式，因此才出现财务会计报告这个词。（ ）

11. 资产负债表中的所有者权益内部各项目是按照流动性或变现能力排列的。（ ）

12. 资产负债表中的“其他应收款”项目应根据“其他应收款”总账科目的期末余额填列。（ ）

13. 将于1年内到期的非流动负债，在资产负债表中应作为流动负债单独列示。（ ）

14. “坏账准备”账户的期末贷方余额，在资产负债表上应列于流动负债项目中。（ ）

15. 资产负债表中的“固定资产原价”项目包括融资租入固定资产原价。（ ）

16. 2012年12月31日，嘉瑞公司“长期借款”账户贷方余额520 000元，其中的200 000元将于2013年7月1日到期。嘉瑞公司2012年12月31日的资

产负债表中，“长期借款”项目的“期末余额”应为320 000元。(　　)

17. 资产负债表中的“在建工程”项目应根据“在建工程”科目的期末余额填列。(　　)

18. 如果本年度资产负债表规定的各项目的名称和内容与上年不一致，则应对上年年末资产负债表各项目的名称和数字按照本年度的规定进行调整，填入资产负债表“年初数”栏内。(　　)

19. 资产负债表“其他应收款”项目应根据“其他应收款”科目期末余额，减去“坏账准备”科目期末余额后的金额填列。(　　)

20. “发出商品”科目的期末余额应并入资产负债表“存货”项目反映。(　　)

21. 资产负债表中“应收票据”项目，包括商业承兑汇票和银行承兑汇票，以及已向银行贴现和已背书转让的应收票据。(　　)

22. 在资产负债表的填列中，“交易性金融资产”项目是根据该科目的余额减去其备抵科目余额后的净额填列。(　　)

23. 或有负债无论涉及潜在义务还是现时义务，均不应在财务报表中确认，但应按相关规定在附注中披露。(　　)

24. 利润表的格式主要是多步式利润表和单步式利润表两种，我国企业采用的是多步式利润表格式。(　　)

25. 利润表的表头部分主要反映报表名称、报表编制单位名称、报表编制日期和货币计量单位等内容。(　　)

26. 多步式利润表格式直观、简单，避免了项目分类上的困难。(　　)

27. “生产成本”是利润表的组成项目。(　　)

28. 净利润是指营业利润减去所得税费用后的金额。(　　)

29. 利润表中“营业税金及附加”项目不包括增值税和营业税。(　　)

30. 将应计入“营业外支出”项目的支出误计入“管理费用”项目，既不影响企业营业利润计算的正确性，也不影响企业的利润总额。(　　)

31. 利润表中“营业成本”项目，反映企业销售产品和提供劳务等主要经营业务的各项销售费用和实际成本。(　　)

32. 资产负债表中各项目的金额反映的是累计发生额，利润表中各项目的金额反映的是本期发生额。(　　)

33. 资产负债表的格式有多步式和单步式两种。(　　)

34. 资产负债表结构的理论依据是“资产 = 负债 + 所有者权益”会计等式。(　　)

35. 损益表结构的理论依据也是“资产 = 负债 + 所有者权益”会计等

式。( )

36. 损益表结构的理论基础是“利润 = 收入 – 费用”会计等式。( )

37. 资产负债表中的“应收账款”项目，应根据“应收账款”账户的期末余额填列。( )

38. 资产负债表中的“预付账款”项目，应根据“预付账款”账户的期末余额填列。( )

39. 资产负债表中的“待摊费用”项目，应根据“待摊费用”账户的期末余额填列。( )

40. 资产负债表中的金额反映的是编表时的累计数额，利润表中的金额反映的是编表时的时点数额。( )

41. 损益表的作用之一是反映企业的短期偿债能力和支付能力。( )

42. 损益表中计算出来的应交所得税后的利润，即未分配利润。( )

43. 12 月份的资产负债表中“未分配利润”项目应和“利润分配”总账的年末余额数额一致。( )

44. 资产负债表中的“应收账款”项目应根据“应收账款”和“预付账款”账户所属各明细账户的期末借方余额合计数填列。( )

45. 资产负债表中的“长期借款”项目应根据“长期借款”账户的余额直接填列。( )

46. 资产负债表反映企业在一定期间经营成果的报表，所以它是动态报表。( )

47. 虽然资产负债表中的项目，有些是根据账簿记录直接填列，有些是根据账簿记录计算填列，但它们的共同之处都是来源于账簿的期末余额。( )

48. 利润表中的项目都是根据损益类账户的余额分析计算填列。( )

49. 资产负债表中的“应交税费”项目是根据“应交税费”总账账户的期末余额直接填列的。( )

50. 企业年度会计报表应经中华人民共和国政府批准的注册会计师验证和出具证明，方为有效会计报表。( )

51. 各单位应当按照国家规定的期限对外报送会计报表。对外报送的会计报表，应当依次编写页码，加具封面，装订成册，并加盖公章。( )

52. 企业应定期向当地财税机关、开户银行和企业主管部门报送会计报表。( )

（四）计算分析题

1. 大宇公司为增值税一般纳税人，其 2012 年 7 月 1 日期初余额如下（单位：元）：

资产	借方余额	贷方余额	权益	借方余额	贷方余额
库存现金	4 200		短期借款		162 000
银行存款	61 000		应付账款		37 000
其他货币资金	20 000		——C 公司		63 000
应收账款	36 000		——D 公司	26 000	
——甲公司	45 000		预收账款		17 000
——乙公司	12 000		——丁公司	22 000	
——丙公司		21 000	——戊公司		39 000
坏账准备		2 500	应付职工薪酬		12 700
——应收账款		2 200	应交税费		50 000
——其他应收款		300	应付股利		30 000
预付账款	7 000		实收资本		400 000
——A 公司	12 000		资本公积		42 000
——B 公司		5 000	盈余公积		36 000
其他应收款	13 000		利润分配		
原材料	50 000		——未分配利润		66 000
库存商品	35 000				
生产成本	26 000				
固定资产	830 000				
累计折旧		260 000			
无形资产	45 000				
累计摊销		12 000			

7 月发生经济业务如下：

（1）2 日，向 D 公司购买原材料，货款 30 000 元，增值税税额 5 100 元，材料验收入库，货款未付。

（2）5 日，向乙公司销售产品一批，售价 25 000 元，增值税税额 4 250 元，产品发出，收到该公司 29 250 元货款。该批产品成本为 16 000 元。

（3）10 日，生产产品领用原材料 15 000 元，车间领用原材料 2 000 元。

（4）15 日，计提车间固定资产折旧费 12 000 元，管理部门固定资产折旧费 2 000 元。

（5）18 日，以银行存款支付产品销售的场地租赁费 5 000 元。

（6）26 日，收回甲公司的前欠款。

（7）31 日，结转本期制造费用。

根据上述资料，完成下列问题。

（1）计算大宇公司 7 月末资产负债表“存货”项目应填列的金额。

（2）计算大宇公司 7 月末资产负债表“应收账款”项目应填列的金额。

（3）计算大宇公司 7 月末资产负债表“预收账款”项目应填列的金额。

（4）计算大宇公司 7 月末资产负债表“应付账款”项目应填列的金额。

（5）计算大宇公司 7 月末资产负债表“预付账款”项目应填列的金额。

2. ×公司所得税税率为 25%，该公司 2012 年 11 月份的利润表如下表所示。

利　润　表

编制单位：×公司　　　　单位：元

项　　目	本期金额	本年累计金额
一、营业收入	略	2 985 000
减：营业成本		1 500 000
营业税金及附加		88 000
销售费用		210 000
管理费用		350 000
财务费用		4 000
资产减值准备		3 000
二、营业利润（损失以“－”号填列）		830 000
加：营业外收入		3 000
减：营业外支出		8 000
三、利润总额（损失以“－”号填列）		825 000
减：所得税费用		206 250
四、净利润（亏损以“－”号填列）		618 750

×公司 12 月份发生以下经济业务：

（1）对外销售甲商品 3 500 件，单价 68 元，增值税税率 17%，已办妥银行托收货款手续。

（2）经批准处理财产清查中的账外设备一台，估计原价 10 000 元，七成新。

（3）计算分配本月应付职工工资共计 40 000 元，其中管理部门 25 000 元，专设销售机构人员工资 15 000 元。

（4）计提本月办公用固定资产折旧 1 200 元。

（5）结转已销售的 3 500 件甲商品的销售成本 140 000 元。

（6）将本月实现的损益结转至"本年利润"账户。

要求：根据上述资料，计算下列×公司2012年利润表中①、②、③、④、⑤的金额。

利　润　表

编制单位：×公司　　　　　　　　　　　　　　　　　　　　　单位：元

项　　目	本年金额	上年金额
一、营业收入	①	略
减：营业成本		
营业税金及附加		
销售费用		
管理费用	②	
财务费用		
资产减值损失		
二、营业利润（损失以"－"号填列）	③	
加：营业外收入		
减：营业外支出		
三、利润总额（损失以"－"号填列）	④	
减：所得税费用		
四、净利润（亏损以"－"号填列）	⑤	

3. 2010年8月，武康公司损益类账户结转本年利润前的发生额分别为："主营业务收入"账户贷方发生额为1 990 000元，"主营业务成本"账户借方发生额为630 000元，"其他业务收入"账户贷方发生额为500 000元，"其他业务成本"账户借方发生额为150 000元，"营业税金及附加"账户借方发生额为78 000元，"销售费用"账户借方发生额为60 000元，"管理费用"账户借方发生额为50 000元，"财务费用"账户借方发生额为170 000元，"投资收益"账户借方发生额为250 000元（无贷方发生额），"营业外收入"账户贷方发生额为100 000元，"营业外支出"账户借方发生额为40 000元，"所得税费用"账户发生额为290 500元。

要求：计算该企业2010年8月利润表中的下列各项目金额。

（1）营业利润项目＝

（2）利润总额项目＝

（3）净利润项目＝

第三部分 拓展训练

1. 会计报表的主要使用者有哪些？他们的目的是什么？
2. 借助资产负债表提供的信息，可以给使用者提供哪些帮助？
3. 借助利润表提供的信息，可以给使用者提供哪些帮助？